LIBRE Echange 1

Geneviève-Dominique de SALINS

Janine COURTILLON

Christine GUYOT-CLÉMENT

CAHIER DE L'ÉLÈVE

HATIER / Didier

Couverture : Anne-Marie Bodson
Conception de maquette : Katy Lhaïk
Composition et mise en pages PAO : Gérard Lagravière
Illustrations : Anne-Marie Vierge

P. 50 : © Air France ; p. 73 : © Sopad Nestlé, S.A. ; p. 97 : © Sony-Lenthe Associés ; p. 118 : © Canon France.

© Les Éditions Didier, Paris, 1991   Imprimé en France
ISBN 2-278 - 04017 -0

UNITÉ 1

10

EXERCICE 1 **Interview de jeunes au lycée.**

Quel est l'article qui convient ? Cherchez la réponse dans le commentaire de l'interviewer.

1. — Est-ce que tu as .... Walkman ?
   — Oui, bien sûr !

2. — Est-ce que tu as .... vélomoteur ?
   — Non, pas encore.

3. — Est-ce que tu as .... télévision ?
   — Oui, pourquoi ?

4. — Est-ce que tu habites dans .... appartement
   ou dans .... maison ?
   — Dans .... appartement.

5. — Est-ce que tu as .... téléphone ?
   — Mes parents, oui.

6. — Est-ce que tu sais où est .... gare ?
   — Bien sûr !

7. — Est-ce que tu sais où est .... rue de .... Église ?
   — Ah ! non, je ne sais pas.

8. — Est-ce que tu vas à ...... mer ou à ...... montagne, en été ?
   — D'habitude, je vais à ...... mer.

9. — Est-ce que tu vas à ...... école à pied ou en autobus ?
   — Toujours à pied. J'habite à côté de ...... école.

10. — Tu prends ...... train ou ...... avion pour voyager ?
    — Généralement, je prends ...... train parce que ...... avion
    coûte trop cher.

- le
- la
- l'
- un
- une

Commentaire de l'interviewer.

90 % des jeunes ont **un** Walkman. 40 % seulement ont **un** vélomoteur. Tous regardent **la** télévision. Dans toutes les habitations il y a **le** téléphone. 30 % des jeunes habitent dans **une** maison individuelle. Les autres ont **un** appartement. Si tous les jeunes savent où est **la** gare, ils ne connaissent pas tous **la** rue de l'Église ! Ils prennent **le** train parce que l'avion est trop cher. Ils vont à **l'**école à pied. D'habitude, les jeunes passent les vacances à **la** mer ou à **la** montagne.

23

EXERCICE 2 **Quiz culturel.**

1. En été il fait : chaud ☐
froid ☐

2. En juillet ou en août : je travaille ☐
je ne travaille pas ☐
je suis en congé ☐

3. Je suis en congé veut dire : je ne travaille pas ☐
je suis en vacances ☐
je travaille ☐

4. La fête nationale française est : en août ☐
en juillet ☐
en décembre ☐

5. La fête de Noël est : en décembre ☐
en juillet ☐
en octobre ☐

6. Pour téléphoner de Paris en province, il faut faire : le 16 ☐
le 4 ☐
le 19 ☐

7. Pour téléphoner de France à l'étranger, il faut faire : le 16 ☐
le 4 ☐
le 19 ☐

8. Dans un café-tabac, on peut acheter : des timbres ☐
des télécartes ☐
des médicaments ☐

9. Dans une cabine téléphonique, on peut :
téléphoner ☐
acheter une télécarte ☐

10. Composez le 19 veut dire : faites le 19 ☐
dites 19 ☐
répétez 19 ☐

Si vous avez 13 bonnes réponses, vous êtes prêt à vivre à Paris.
Si vous avez 10 bonnes réponses, vous répondez au Quiz sans lire toutes les informations.
Si vous avez moins de 10 bonnes questions, retournez lire les pages de *La France au quotidien.*

23

EXERCICE 3 **Complétez la lettre suivante.**

« .... hiver, je .... : je ne suis pas en vacances.

.... été, je .... : je suis en congé.

Parfois, je vais .... mer ; parfois je vais .... montagne.

Quand je .... en vacances, j'écris des cartes postales à mes amis. »

20-21

EXERCICE 4 **Trouvez la question qui convient !**

1. — .... ?

 — C'est l'amie de Michel.

2. — .... ?

 — C'est une carte postale de Rio.

3. — Au secours !

 — .... ?

 — Là, sous la table, il y a une souris !

4. — .... ?

 — C'est Jacky.

5. — Bing ! Bang ! Bang ! Aïe ! Aïe !

 — .... ?

 — J'ai cassé le téléphone : il ne marche plus.

■ Qu'est-ce qui se passe ?
■ Qu'est-ce que c'est ?
■ Qui est-ce ?

20-21

EXERCICE 5 **Différentes manières de dire.**

Savez-vous quand utiliser ces expressions :

1. Un adulte parle à un enfant.

 Il lui dit : ....

 ou ....

 ....

• *Comment allez-vous ?*
• *Comment vas-tu ?*
• *Ça va ?*
• *Tu vas bien ?*
• *Vous allez bien ?*

5

2. Un adulte parle à un adulte qu'il connaît peu.

Il lui dit : ....

ou   ....

....

3. Un adulte parle à un adulte avec qui il est très ami.

Il lui dit : ....

ou   ....

....

4. Un jeune parle à un jeune.

Il lui dit : ....

ou   ....

....

20-21

EXERCICE 6 **Au téléphone.**

Vous recevez un coup de téléphone chez vous.

1. Vous ne reconnaissez pas la voix.

Vous dites : ....

2. Vous comprenez que c'est un ami mais vous ne savez pas lequel.

Vous dites : ....

ou   ....

- *Qui est à l'appareil ?*
- *Qui est-ce ?*
- *Est-ce que c'est... ?*
- *Qui c'est ?*
- *Je suis désolé (e), c'est une erreur.*
- *Un instant, je l'appelle.*

3. **Manifestement, c'est une erreur de numéro.**

   Vous dites : ....

   ou ....

4. **C'est pour votre ami.**

   Vous dites : ....

   ou ....

5. **C'est un ami. Vous devez prendre un message, mais votre stylo est dans une autre pièce.**

   Vous lui dites : ....

- *Je crois que vous faites erreur.*
- *Excusez-moi.*
- *Ne quittez pas.*
- *Ne quitte pas.*
- *J'ai l'impression que vous faites erreur.*

20-21

E X E R C I C E   7

Trouvez la question qui convient.

1. — .... ?

   — Le docteur Thierry Stan, s'il vous plaît.

2. — .... ?

   — Ah non, Rémi est sorti.

   — .... ?

   — Bien sûr, un instant, je prends un crayon.

3. — Je voudrais parler à Rémi.

   — .... ?

   — De la part de Fabienne.

   — Ne quittez pas, je l'appelle.

   — Merci.

- *Qui demandez-vous ?*
- *Est-ce que Rémi est là ?*
- *Je peux laisser un message ?*
- *De la part de qui ?*

4. — Voilà, j'ai besoin d'un renseignement.

— Mais, ... ?

— Ce n'est pas Jean Bouton ?

— Non, monsieur, vous faites erreur.

5. — .... ?

— Ne quittez pas.

VOILÀ, J'AI BESOIN D'UN RENSEIGNEMENT

20-21

EXERCICE 8

Faites la différence entre le registre de langue familier et le registre de langue soutenu.

1. Un journaliste demande qui est Rémi :
Rémi ? .... ?

2. Un jeune garçon demande à son ami qui est Rémi :
Rémi ? .... ?

3. Une jeune fille rencontre son amie :
.... !

4. Un élève rencontre son professeur :
.... !

5. Un directeur est occupé, il dit à sa secrétaire :
....

6. Rémi est occupé. Il explique à sa mère :
....

7. Un journaliste demande à Rémi où il joue de la guitare :
.... ?

8. Rémi demande à un garçon de son âge où il joue de la guitare :
.... ?

- *Qui est-ce ? /*
  Qui c'est ?
- *Salut ! / Bonjour*
- *Je suis avec un copain /*
  Je suis avec un ami.
- *Où tu joues de la guitare ? /*
  Où joues-tu de la guitare ?

11

EXERCICE 9 **Quel est l'objet, l'animal ou la personne ?**

À l'aide des mots, faites une phrase qui décrit l'objet, l'animal ou la personne et dites ce que c'est.

animal / vivre / forêt
Cet animal vit dans la forêt, c'est un loup (ours, cerf).

personne / travailler / usine
Cette personne travaille dans une usine, c'est un ouvrier.

personne / travailler / école
...., c'est un ....
...., c'est une ....

personne / aller / école
...., c'est un ....
...., c'est une ....

personne / habiter / Paris
...., c'est un ....
...., c'est une ....

objet / se trouver / boulangerie
...., c'est un ....
...., c'est une ....

personne / travailler / avion
...., c'est un ....
...., c'est une ....

objet / voler / ciel
...., c'est un ....
...., c'est une ....

personne / se trouver / piscine
...., c'est un ....
...., c'est une ....

objet / se trouver / bureau de tabac
...., c'est un ....
...., c'est une ....

animal / boire / lait
...., c'est un ....
...., c'est une ....

personne / chanter / opéra

...., c'est un ....

...., c'est une ....

personne / ne pas dire / vérité

...., c'est un ....

...., c'est une ....

animal / garder / maison

...., c'est un ....

...., c'est une ....

personne / écrire / journal

...., c'est un ....

...., c'est une ....

personne / écrire / livres

...., c'est un ....

...., c'est une ....

objet / ouvrir / portes

...., c'est un ....

...., c'est une ....

personne / croire / Père Noël

...., c'est un ....

...., c'est une ....

LES VOYAGEURS DE LA VIE
ou
LE CHEF DE GARE

Prenez votre billet
au guichet !
Préparez votre monnaie
avant le portillon !
Suivez la file !

Ne traversez pas les voies !
Passez par les souterrains !
Attention ! Attention !

UN TRAIN PEUT EN CACHER UN AUTRE !

Relevez les cinq ordres à l'impératif donnés par le chef de gare.
Imaginez quels sont les ordres à l'impératif donnés par le contrôleur **dans le train** (billet, fenêtres, portières, etc.).

LE PIÈGE
ou
L'AGENT DE LA CIRCULATION

Veuillez stopper !
Rangez-vous ici !
Vous n'avez pas vu le signal ?
Si oui, vous deviez vous arrêter : vous êtes dans votre tort.
Si non, vous êtes aussi dans votre tort.
De toute façon vous avez tort.
Montrez-moi vos papiers.
Quand êtes-vous né ? Votre nom ? Votre prénom ?
Le nom et le prénom de votre père, de votre mère ?
De votre grand-père ? De votre grand-mère ?
Quel est votre métier ? Êtes-vous marié ?
Avez-vous des enfants ? Un frère ? Une sœur ?
Vous rendez-vous compte de ce que vous avez fait ?
De la gravité de l'infraction ?
Si votre famille vous voyait !
Savez-vous que vous auriez pu tuer un passant ?
Deux passants, trois, quatre, cinq passants ?
Un vrai massacre ?
Et maintenant, où aller-vous ?
Comment : vous ne savez pas ?

Et bien, je vais vous l'apprendre, moi !
Vous allez me suivre,

ET VOUS ALLEZ VOUS EXPLIQUER.

Jean Tardieu, *Œuvres posthumes du professeur Froeppel*. Gallimard.

Observez et relevez les formes des verbes pour la personne à qui l'on parle : **vous**.
L'agent de la circulation veut connaître l'**identité** du chauffeur. Jouez cette scène à deux, mais cette fois **en répondant aux questions de l'agent**.

26-33

EXERCICE 1 **Chez la concierge.**

1. — Vous connaissez Madame Pont ?

— Oui, ... photographe.

.... habite au 3ᵉ étage.

2. — Et Pierre Pont, vous le connaissez ?

— Bien sûr ! .... chanteur.

.... le mari de Madame Pont.

- il / elle est...
- c'est...
- ils / elles sont...
- il / elle n'est pas...

3. — .... habite au 3ᵉ étage ?

— Oui, au 3ᵉ étage, porte gauche. Vous pouvez monter,

.... sont là.

— Merci.

4. — Est-ce que Monsieur Pont est photographe ?

— Ah non, ... photographe, ... chanteur.

— Et Madame Pont, ... infirmière ?

— Ah non, ... infirmière, ... photographe.

— .... habitent au 2ᵉ étage, les Pont ?

— Pas du tout ! .... au 3ᵉ étage, porte gauche.

Vous pouvez monter, ... chez eux.

UNITÉ **2**

26

E X E R C I C E   2 **Questions faciles.**

■ **C'est un / une...**
■ **il est...**
■ **elle est...**

1. — Qui est Yves Saint Laurent ?
   — .... couturier.
   .... français.

2. — Qui est Brigitte Bardot ?
   — .... actrice de cinéma.
   .... française.

3. — Qui est Maradona ?
   — .... joueur de football.
   .... italien ou argentin.

4. — Qui est Yannick Noah ?
   — .... français.
   — .... champion de tennis.

5. — Qui est Marcello Mastroianni ?
   — .... acteur de cinéma.
   .... italien.

6. — Qui est Michael Jackson ?
   — .... américain.
   .... chanteur de rock.

7. — Qui est Jeannie Longo ?
   — .... championne de vélo.
   .... française.

8. — Qui est .... ?
   — .... homme politique.
   .... espagnol.

9. — .... ?
   — ....
   ....

10. — .... ?
   — ....
   ....

13

26

EXERCICE 3 **Géographie.**

Où est Rio ? .... Brésil.

         Paris ? ....

         Madrid ? ....

         Lisbonne ? ....

         Tirana ? .... Albanie.

■ au
■ en

26

EXERCICE 4 **Conversation.**

1. — J'habite .... mes parents, ... Paris, ... France et toi ?

    — ....

2. — Et Jacky, où habite-t-elle?

    — Elle .... les Dupré, ... Bourgogne, ... France.

3. — Tu sais où sont les Dupré ?

    — Oui, ils .... Lisbonne, ... Portugal. Ils sont en vacances.

4. — Où est Pierre en ce moment ?

    — .... Michel, ... Bourgogne.

■ au
■ en
■ à
■ chez

26

EXERCICE 5 **Entre jeunes.**

1. — Comment t'appelles-tu ?
   — ....

2. — Quel âge as-tu ?
   — ....

3. — Comment s'appelle ta mère ?
   — ....

4. — Elle est photographe ?
   — ....

5. — Et ton père, qu'est-ce qu'il fait ?
   — ....

6. — Tu aimes Michael Jackson ?
   — ....

7. — Tu aimes le sport ?
   — ....

8. — Tu connais une chanteuse française ?
   — ....

26

EXERCICE 6 **La lettre du jeune Brésilien.**

D'habitude, je prends mes vacances ...... février mais cette année je vais prendre mes vacances ...... juillet, je vais ...... France.

...... Rio, ... Brésiliens partent en vacances en janvier ou ...... février.

...... Européens prennent leurs vacances ...... juillet ou ...... août. ...... Brésil, il fait beau toute l'année.

- en / au / à
- les

38-39

EXERCICE 7 Quiz culturel.

1. Un ouvrier, c'est : un travailleur manuel ☐
un travailleur intellectuel ☐
un employé de bureau ☐

2. Un boulanger : prépare le pain ☐
répare les voitures ☐
vend des vêtements ☐

3. Un couturier : lave les chiens ☐
donne des contraventions aux voitures en stationnement interdit ☐
crée et dessine des robes pour les femmes ☐

4. Une pervenche est habillée : en vert ☐
en rouge ☐
en bleu ☐

5. Un stationnement interdit veut dire : les voitures peuvent stationner ☐
les voitures ne doivent pas stationner ☐

Si vous avez 5 bonnes réponses, cherchez maintenant la profession qui convient aux définitions suivantes :

1. Un .... c'est un travailleur intellectuel.
2. Un .... c'est un employé de bureau.
3. Un .... répare les voitures.
4. Un .... prend des photos.
5. Un .... fait des films.

37

EXERCICE 8 Quiz culturel.

1. Le Français moyen est : marié ☐
célibataire ☐
divorcé ☐

2. Le Français moyen a : 36 ans ☐
42 ans ☐
48 ans ☐

3. Par mois, le Français moyen gagne : 10 000 francs ☐
4 000 francs ☐
6 000 francs ☐

4. Le Français moyen a : deux enfants ☐
trois enfants ☐

5. Le Français moyen habite : à Paris ☐

en banlieue parisienne ☐

6. Le Français moyen : a un animal ☐

n'a pas d'animal ☐

Si vous n'avez pas 6 bonnes réponses, retournez vite lire les pages de *La France au quotidien*.

35-36

E X E R C I C E   9

Voici une liste de questions.

Classez ces questions en deux groupes :

Les questions A demandent la réponse oui/non.
Les questions B ne peuvent pas avoir comme réponse oui/non.

A | B

- *Qui c'est ?*
- *Il est où ton copain ?*
- *Où tu joues de la guitare ?*
- *Ça marche bien ?*
- *M. Roux est là ?*
- *Vous avez rendez-vous ?*
- *Comment allez-vous ?*
- *Je suis en avance ?*
- *Vous êtes la fille de M. Roux ?*
- *Vous êtes banquier ?*

Inventez maintenant une réponse possible pour les questions du groupe B.

1. Question : ....

Réponse : ....

2. Question : ....

Réponse : ....

3. Question : ....

Réponse : ....

4. Question : ....

Réponse : ....

36

EXERCICE 10

Je vous présente Madame Bon, elle s'occupe du secteur production.

Sur ce modèle, présentez votre personnel à un invité étranger qui visite l'entreprise.

1. ....

....

2. ....

....

3. ....

....

4. ....

....

5. ....

....

6. ....

....

7. ....

....

Votre personnel

• *M. Gaston, informaticien*

• *Mme Pol, traductrice*

• *Mlle Gil, directrice du personnel*

• *M. Fèvre, directeur de production*

• *Mlle Zoé, directrice des ventes*

• *M. Nome, directeur des achats*

• *Mme Rave, chargée des relations internationales*

26

EXERCICE 11   La lettre de Jacky.

Observez les verbes au passé composé.

Ma chère Cécile,

Vendredi dernier, je suis allée en train chez Michel.

Je suis arrivée à la gare de Tournus où Michel est venu me chercher en voiture. Je suis restée deux jours chez lui.

Le samedi matin, nous sommes allés visiter une très vieille église romane. Le dimanche soir, nous sommes sortis (Michel connaît un excellent restaurant au bord de la rivière). Le lundi matin, je suis partie, très contente de mon week-end.

Bons baisers,
Jacky.

26

EXERCICE 12 **Le petit détective.**

Répondez aux questions.

1. — Qu'est-ce que Jacky a fait le week-end dernier ?
   — Elle ....

2. — Qu'est-ce qu'ils ont fait le samedi matin ?
   — Ils ....

3. — Et le dimanche soir, qu'est-ce qu'ils ont fait ?
   — Ils sont ....

4. — Quand Jacky est-elle partie de chez Michel ?
   — ....

Trouvez le participe passé des verbes :

aller .... allé (e)   partir .... parti (e)

arriver ....   sortir ....

entrer ....   venir ....

monter ....   descendre ....

rester ....

26

EXERCICE 13 **La lettre de Pierre.**

Observez les verbes au passé composé.

Mon cher Éric,

J'ai passé deux semaines chez Michel, en Bourgogne.

J'ai fait du vélo, j'ai lu, j'ai nagé, j'ai beaucoup dormi : enfin, je me suis reposé ! J'ai rencontré une jeune femme, Jacky : c'est une amie de Cécile. Elle est venue passer un week-end chez Michel. Elle a loué la maison des Dupré. Oui, les Dupré sont partis en Espagne. Ils ont de la chance !

Michel nous a montré une très vieille église romane et il nous a invités au restaurant au bord de la rivière.

J'ai fait des promenades dans la campagne et j'ai vu des paysages superbes. J'ai pris des photos pour toi.

Je t'embrasse.

Ton père.

[...]

JAN

Bonjour. Je viens pour la chambre.

MARTHA

Je sais. On la prépare. Il faut que je vous ins-crive sur notre livre.

Elle va chercher son livre et revient.

[...]

MARTHA

Mais je dois vous demander votre nom et vos prénoms.

JAN

Hasek, Karl.

MARTHA

Karl, c'est tout ?

JAN

C'est tout.

[...]

MARTHA

Date et lieu de naissance ?

JAN

J'ai trente-huit ans.

MARTHA

Où êtes-vous né ?

JAN

En Bohême.

MARTHA

Profession ?

JAN

Sans profession.

MARTHA

Il faut être très riche ou très pauvre pour vivre sans un métier.

JAN, *il sourit.*

Je ne suis pas très pauvre.

[...]

MARTHA

Vous êtes tchèque, naturellement ?

JAN

Naturellement.

MARTHA

Domicile habituel ?

JAN

La Bohême.

MARTHA

Vous en venez ?

JAN

Non, je viens d'Afrique. (*Elle a l'air de ne pas comprendre.*) De l'autre côté de la mer.

[...]

MARTHA

Je suppose que vous avez une pièce d'identité ?

JAN

Oui, je peux vous la montrer.

MARTHA

Ce n'est pas la peine. Il suffit que j'indique si c'est un passeport ou une carte d'identité.

JAN, *hésitant.*

Un passeport. Le voilà. Voulez-vous le voir ?

Albert Camus, acte I, scène V. *Le Malentendu.* Gallimard.

À votre avis, où se passe la scène ?
Quelle est la profession de Martha ? Quelle est la profession de Jan ?
Relevez les questions qui concernent l'**identité** de Jan.
Jouez la scène entre vous.

EXERCICE   1   **Donnez votre opinion.**

1.   — Comment trouvez-vous ma maison ?

     — Elle ....

2.   — Et ma ville ?

     — ....

3.   — Et mon lycée ?

     — ....

4.   — Et mes amis ?

     — ....

5.   — Et mes professeurs ?

     — ....

6.   — Et mon quartier ?

     — ....

■ il / elle est...
■ ils / elles sont...

• *magnifique*
• *parfait (e)*
• *superbe*
• *beau/belle*
• *joli (e)*
• *grand (e)*
• *moderne*
• *amusant (e)*
• *intelligent (e)*
• *bon/bonne*
• *gentil/gentille*
• *sévère*

VOICI MON QUARTIER!

44

EXERCICE 2 **Faites des commentaires sur la situation.**

Au concert, la musique est bonne,
vous dites : c'est merveilleux.

■ **c'est + adjectif**

1. Au restaurant, le menu est bon,

   vous dites : ....

2. Devant un magnifique tableau de Picasso,

   vous dites : ....

3. Vous êtes devant Notre-Dame de Paris,

   vous dites : ....

4. Vous visitez un grand appartement,

   vous dites : ....

5. À la campagne, vous trouvez le paysage très reposant,

   vous dites : ....

- *délicieux (se)*
- *beau/belle*
- *superbe*
- *étrange*
- *passionnant (e)*
- *merveilleux (se)*
- *vieux/vieille*
- *magnifique*
- *étonnant (e)*
- *reposant (e)*

44

EXERCICE 3 **Toujours insatisfait.**

Dans les situations suivantes,
vous faites des critiques.

Au concert, vous n'aimez pas la musique,
vous dites : ce n'est pas joli.

■ **ce n'est pas**
+ adjectif

1. Au restaurant, le menu n'est pas bon,

   vous dites : ....

2. Vous n'aimez pas les tableaux dans une galerie d'art,

   vous dites : ....

3. Dans un hôtel, vous n'aimez pas le décor,

   vous dites : ....

4. Vous visitez une maison, elle est petite et sale,

   vous dites : ....

- *bon/bonne*
- *beau/belle*
- *joli (e)*
- *élégant (e)*
- *grand (e)*
- *propre*

53-54

E X E R C I C E   **4**   **Les nationalités.**

Trouvez leur nationalité.

■ il/elle est...
■ il/elles sont...

1. Il est né au Maroc.

   ....

2. Elle est née en Espagne.

   ....

3. Ils sont nés au Japon.

   ....

4. Il est né en Argentine.

   ....

5. Elles sont nées en Angleterre.

   ....

6. Il est né au Portugal.

   ....

7. Ils sont nés en Australie.

   ....

8. Elle est née au Canada.

   ....

9. Ils sont nés au Chili.

   ....

10. Il est né en Inde.

    ....

• *français (e)*
• *allemand (e)*
• *espagnol (e)*
• *argentin (e)*
• *anglais (e)*
• *japonais (e)*
• *portugais (e)*
• *marocain (e)*
• *canadien/canadienne*
• *chilien/chilienne*
• *tunisien/tunisienne*
• *autrichien/autrichienne*
• *américain (e)*
• *australien/australienne*
• *indien/indienne*

44

E X E R C I C E   **5**   **Réagissez !**

■ moi aussi
■ pas moi

Vous êtes comme elle, oui ou non ?

1. — J'aime beaucoup Picasso.

   — ....

2. — Je suis italienne.

   — ....

3. — Je suis mariée.

   — ....

4. — J'aime le sport.

   — ....

5. — J'étudie le français.

   — ....

6. — Je fais du ski.

   — ....

7. — Je suis seule chez moi.

— ....

8. — Je connais tous les pays d'Europe.

— ....

44

E X E R C I C E   6   **C'est évident.**

- **moi aussi**
- **moi non plus**

Vous êtes toujours d'accord avec lui.

1. — J'aime bien la musique.

— ....

— Mais je n'aime pas la musique sérielle.

— ....

2. — Je fais de la natation.

— ....

— Mais je ne fais pas de hockey.

— ....

3. — J'habite une jolie ville.

— ....

— Je n'aime pas les musées.

— ....

4. — Je ne me lève pas très tôt.

— ....

— Mais je me couche très tard.

— ....

5. — J'aime bien mon lycée.

— ....

— Mais je n'aime pas beaucoup étudier.

— ....

57

EXERCICE 7 **Quiz culturel.**

1. La salle de bains, c'est : une pièce de la maison ☐
une pièce où on mange ☐
une pièce où on dort ☐
une pièce où on se lave ☐

2. La cuisine c'est : une pièce de la maison ☐
une pièce où on dort ☐
une pièce où on prépare les repas ☐

3. Un plombier répare : les voitures ☐
les meubles ☐
la salle de bains et la cuisine ☐

4. Bricoler veut dire : travailler comme un spécialiste ☐
travailler sans être spécialiste ☐
savoir réparer les choses à la maison ☐
savoir réparer les choses sans être spécialiste ☐

5. Déjeuner veut dire : manger vers 20 heures ☐
: manger vers midi ☐

6. Dîner veut dire : manger vers 7 heures du matin ☐
manger vers 20 heures ☐

7. Je n'arrête pas veut dire : je travaille toujours ☐
je ne fais jamais rien ☐

Attention ! il y a 10 bonnes réponses.
Si vous ne savez pas faire cet exercice, relisez les pages de *La France au quotidien*.

53-54

EXERCICE 8 **Qu'est-ce que tu fais, toi ?**

Trouvez trois expressions qui se réfèrent au travail.

....

....

....

• *Pas grand-chose ?*
• *Tu as deux mômes ?*
• *C'est pas la joie !*
• *Tu as un bon boulot ?*
• *Tu bosses ?*
• *Quelle est votre profession ?*

QU'EST-CE QUE TU FAIS, TOI ?

54

EXERCICE 9 **Où travaillez-vous ?**

Un journal ? *Le Monde.*
Un hôpital ? *La Salpêtrière.*
Une entreprise ? *Chez Bull, Digital, IBM* ?
Un ministère ? *L'Éducation nationale, les Finances.*
Une banque ? *La BNP, le Crédit lyonnais, le Crédit agricole.*
Une chaîne de télévision ? *À TF1, à Antenne 2, à FR 3.*
Un théâtre ? *La Comédie-Française, l'Odéon-théâtre de l'Europe.*
Une maison d'édition ? *Chez Didier, Hatier, Gallimard* ?

- *un chirurgien*
- *un informaticien*
- *un fonctionnaire*
- *un banquier*
- *un animateur de télévision*
- *un comédien*
- *un éditeur*
- *un journaliste*

Un journaliste questionne plusieurs personnes.

1. — Où travaillez-vous ?
   — Je travaille au *Monde,* je suis journaliste.

2. — ....
   — ....

3. — .... ?
   — ....

4. — .... ?
   — ....

5. — .... ?
   — ....

6. — .... ?
   — ....

7. — .... ?
   — ....

8. — .... ?
   — ....

54

EXERCICE 10 **Réagissez !**

— J'adore l'Angleterre !
— **C'est étonnant** pour **une** Française !

- ■ c'est + adjectif
- ■ un / une

1. — Je suis anglais, mais j'adore les langues étrangères.
   — ....
   — N'est-ce pas ? C'est étonnant !

2. — Je suis médecin, mais j'ai peur du sang.

   — ....

   — Ce n'est pas si rare.

- *étonnant (e)*
- *bizarre*
- *rare*
- *curieux (se)*
- *normal (e)*

3. — Je suis banquier, mais l'argent ne m'intéresse pas.

   — ....

   — Oui, c'est curieux, mais c'est comme ça.

4. — Je suis professeur, mais je déteste l'école.

   — ....

   — Non, ce n'est pas si étonnant que ça.

5. — Je suis canadienne, mais je ne supporte pas le froid.

   — ....

   — C'est peut-être bizarre, mais c'est vrai !

57

EXERCICE 11 **Emploi du temps.**

Le matin, je me lève à 7 heures.

Je prends ....

Je ....

Je ....

Je ....

Je ....

À midi, je déjeune ....

De 14 heures à 16 heures, je ....

Le soir, je ....

Le samedi et le dimanche, je ....

- *prendre*
- *déjeuner*
- *aller*
- *travailler*
- *être*
- *avoir*
- *faire du sport*
- *se promener*

57

EXERCICE 12

Vous comparez votre emploi du temps à celui du collégien français de *La France au quotidien.*

Quand avez-vous le cours de langue française ? de mathématiques ? ....

Combien d'heures de cours de ....avez-vous par semaine ? ....

Combien d'heures de cours de ....avez-vous par semaine ? ....

- *lundi*
- *mardi*
- *mercredi*
- *jeudi*
- *vendredi*

Vous aimez ce rythme scolaire ou non ?

Est-ce que vous préférez l'emploi du temps du collégien français ou le vôtre ? Pourquoi ?

....

....

Exemple de réponse : je préfère mon emploi du temps parce que je ne travaille pas le mardi après-midi.

Je préfère .... parce que je ....

44

EXERCICE 13

Voici les formes complètes des pronoms toniques.

> Moi, je suis étudiant.
> Toi aussi, tu es étudiant ?
> Lui, il est sympathique.
> Elle, elle est fatigante.
> Nous, nous sommes espagnols.
> Vous, vous êtes journaliste ?
> Eux aussi, ils habitent en France ?
> Elles, elles sont en vacances en Espagne.

Mettez-vous en petits groupes et interrogez-vous sur votre situation familiale, votre profession, nationalité, caractère.

> — Vous êtes marié, vous aussi ?
> — Non, moi, je suis divorcé.
> — Vous êtes publicitaire ?
> — Non, moi, je suis journaliste et ma femme, elle, elle est infirmière.

a. situation de famille :
marié (e)/divorcé (e)/célibataire/fiancé (e).

b. profession :
médecin/infirmière/publicitaire/journaliste/professeur/interprète/commerçant/
ingénieur/fonctionnaire.

c. nationalité :
anglais/américain/espagnol/français/italien/grec /allemand/chinois/japonais.

d. caractère :
ami agréable/désagréable/enfant fatigant/calme/ami intéressant/sympathique/
gentil/gentille.

N'oubliez pas d'interroger votre camarade sur ses parents, ses frères et sœurs...

> — Et ton père, il habite aussi en France ?
> — Non, lui, il habite en Espagne.
> — Et tes frères, ils sont en France ?
> — Non, eux, ils sont aux États-Unis.

44

EXERCICE 14 **Qualifier quelque chose ou quelqu'un.**

Qu'est-ce qu'on peut qualifier de...

1. extraordinaire ?
Un événement historique est extraordinaire.
(un film/un garçon/un plat/un événement historique)

2. horrible ?
....
(un livre/une musique/un chanteur/un personnage de roman/ un animal/ une ville/
un film)

3. beau ou remarquable ?
....
(une découverte médicale/un livre/un tableau/un concerto/un poème/une fleur)

4. sympathique ou désagréable ?
....
(un homme/une femme/un film/un livre/un pantalon/une ville/une histoire/une œuvre
d'art)

5. bon ou mauvais ?
....
(un vin/un vêtement/un homme/un jeune homme/une maison/un paysage/un livre/
une heure)

6. fatigant ?
....
(un enfant/une rue/le métro/une vie/un travail/un livre/une musique/un repas)

44

EXERCICE 15 **Non..., mais...**

1. — Tu aimes les tableaux de Picasso ?
   — Non, je .... Picasso, mais j'adore Matisse !

2. — Tu es italienne ?
   — Moi, non, je .... italienne, mais mon ami Marcello est italien !

3. — Tu es marié ?
   — Moi, non, je .... marié, je suis célibataire.

4. — Vous aimez le sport ?
   — Non, je .... , mais je regarde les matchs à la télévision.

5. — Vous faites du ski ?
   — Non, je .... de ski, mais je fais du patin à glace.

6. — Vous êtes seule chez vous ?
   — Non, je .... chez moi, je vis avec mes parents.

7. — Vous connaissez tous les pays d'Europe ?
   — Non, je .... tous les pays de l'Europe, mais je connais l'Italie et la Suisse.

44

EXERCICE 16

La Môme néant de Jean Tardieu, poète français né en 1907.

Quoi qu'a dit ?	*Qu'est-ce qu'elle dit ?*
A dit rin	*Elle ne dit rien.*
Quoi qu'a fait ?	*Qu'est-ce qu'elle fait ?*
A fait rin	*Elle ne fait rien.*
À quoi qu'a pense ?	*À quoi est-ce qu'elle pense ?*
À pense à rin	*Elle ne pense à rien.*
Pourquoi qu'a dit rin ?	*Pourquoi est-ce qu'elle ne dit rien ?*
Pourquoi qu'a fait rin ?	*Pourquoi est-ce qu'elle ne fait rien ?*
Pourquoi qu'a pense à rin ?	*Pourquoi est-ce qu'elle ne pense à rien ?*
A' xiste pas	*Elle n'existe pas.*

(langue imitant la langue populaire
du début du XXe s.)

Emploi de la négation.

— Vous vous levez tôt d'habitude ?
— Non, je ne me lève pas tôt, je me lève à 8 heures.

1. — Vous vous couchez tard ?
   — Moi, non, je .... , je me couche à minuit.

2. — Tu aimes le jazz ?
   — Non, je .... , je préfère le rock.

3. — Tu aimes bien aller dans les musées ?

— Non, je .... , dans les musées, je m'ennuie !

4. — Tu déjeunes à la cantine ?

— Non, je .... à la cantine, je rentre chez moi.

5. — Vous habitez à Versailles ?

— Non, je .... à Versailles, j'habite à Saint-Germain-en-Laye.

44

EXERCICE 17

Vous n'êtes pas publicitaire ? Si, je suis publicitaire.

■ si
■ oui

1. — Ce n'est pas fatigant, le voyage ?

— .... c'est fatigant : 18 heures de vol !

2. — Vous êtes marié ?

— .... , je suis marié.

3. — Ce n'est pas difficile, votre travail ?

— .... , c'est très difficile.

4. — Il travaille encore au Conseil de l'Europe ?

— .... , il travaille à Strasbourg.

5. — Vos parents n'habitent pas avec vous ?

— .... , ils habitent avec moi.

44

EXERCICE 18

Si vous ne comprenez pas la question que votre interlocuteur vient de vous poser, demandez-lui de la répéter.

— Vous partez demain ?

— Pardon, je ne comprends pas bien ? Vous pouvez répéter ?

— **Je vous demande si** vous partez demain.

Vous **êtes** péruvienne, / je **vous** demande **si** vous êtes péruvienne ?

Comment trouvez-vous ma maison ? / Je vous demande **comment** vous trouvez ma maison.

Où allez-vous en vacances ? / Je vous demande **où** vous allez en vacances.

1. — Tu **veux** un verre de whisky ?

— Pardon ?

— Je te demande ....

2. — Vous **êtes** seul à Paris ?

— Je ne comprends pas bien…

— Je vous demande ....

3. — **Pourquoi** tu pars ?
    — Pardon ?
    — Je te demande ....

4. — Vous **habitez** ici ?
    — ?
    — Je vous demande ....

5. — **Où** vas-tu en vacances ?
    — Je ne comprends pas…
    — Je te demande ....

6. — Tu **travailles** à l'hôpital ?
    — Pardon ?
    — Je ....

7. — **Comment** vous vous appelez ?
    — Plus doucement, s'il vous plaît.
    — Je vous ....

8. — Vous **êtes** célibataire, vous aussi ?
    — Vous pouvez répéter, s'il vous plaît ?
    — Je ....

44

EXERCICE 19   **Le langage des animaux.**

Quelle qualité ou quel défaut incarnent les animaux suivants ?

En France :

Le chien est	fidèle
Le chat est	indépendant
Le loup est	cruel
L'agneau est	doux
La vache est	méchante
Le bœuf est	fort
Le chameau est	méchant

Et dans votre pays ?
À quel animal attribuez-vous ces qualités ou défauts ?

Fier comme ....

Têtu comme ....

Méchant comme ....

Fort comme ....

Doux comme ....

Malin comme ....

Bavard comme ....

Mais on dit « beau comme un dieu ».

44

EXERCICE 20 Faites le portrait des personnages suivants.

Le bourgeois

Il adore manger ....
Il aime ....
Il admire ....

Le mannequin

Il / Elle adore ....
Il / Elle aime ....
Il / Elle admire ....

L'ouvrier gavroche

....
....
....

L'intellectuel derrière
son bureau couvert de
livres

....
....
....

Le général

....
....
....

L'artiste bohème

....
....
....

Une chanteuse
Jeanne Mas

....
....
....

Son occupation préférée	Son plat préféré	...ersonnage qu'il/elle admire
regarder la télé	le bifteck-frites	Jeanne d'Arc
aller dans les musées	le caviar	De Gaulle
lire	le canard à l'orang.	Napoléon
jouer aux échecs / cartes	le pot-au-feu	Léonard de Vinci
jouer au golf	la langouste grillée	Pasteur
faire de la gymnastique	le salé aux lentilles	Einstein
faire du vélo	les carottes râpées	Christophe Colomb
faire de l'alpinisme	le bœuf bourguignon	Maradona
faire du shopping	le cassoulet	Alain Prost
	le hamburger	Michael Jackson
		Greta Garbo
		Christian Dior
		Victor Hugo
		Voltaire
		Mick Jagger
		Van Gogh

44-53-54

EXERCICE 21 Mariez-les.

LUI	ELLE
1. Il a 40 ans, il est médecin. Il aime le jazz, la voile et le ski.	1. Elle a 25 ans, elle est infirmière. Elle adore la musique classique et la marche. Elle ne sait pas nager.
2. Il a 29 ans, il est employé de banque. Il aime le rock, le vélo et la chasse.	2. Elle a 40 ans, elle est professeur. Elle aime le jazz et le rock. Elle adore la chasse.
3. Il a 50 ans, il est ingénieur, il aime la musique classique et déteste le rock. Il fait du jogging.	3. Elle a 30 ans, elle est coiffeuse. Elle adore la danse et la musique d'opéra. Elle n'aime pas le rock.
4. Il a 30 ans, il est plombier. Il aime la chanson populaire et le rock. Il joue au football.	4. Elle a 22 ans, elle est étudiante en médecine. Elle aime la musique classique, le ski et la natation.
5. Il a 27 ans, il est cultivateur. Il aime la chanson populaire. Il n'aime pas la musique classique. Il chasse et il pêche.	5. Elle a 35 ans, elle est secrétaire. Elle aime le jazz et le rock et elle fait du jogging

Travaillez par groupes de deux.

1. Donnez un prénom aux personnages que vous avez choisis.

2. Écrivez un petit texte pour expliquer votre choix : qu'est-ce qui est le plus important pour le mariage : l'âge ? la profession ? les goûts ?

Exemple de construction du texte :

Nous avons marié Pierre (n° 3) avec Marie (n°...) parce qu'ils ont environ (presque) le même âge. Ils n'ont pas les mêmes goûts : elle, elle aime la musique classique et lui, il aime le rock.

Mais tous les deux, ils aiment le sport. Ils ont des professions différentes, mais ce n'est pas important.

3. Lisez le texte à la classe qui peut vous poser des questions et discuter votre choix.

....

....

....

....

....

....

....

....

[...]
LE FACTEUR

Drôle d'immeuble
Le facteur sonne à l'entresol
il tient une lettre à la main
la porte s'ouvre
un barbu passe la tête
la lettre s'envole
Qu'est-ce que c'est demande le barbu
Rien dit le facteur une lettre
les écrits s'envolent les paroles restent
Ah dit le barbu
il ferme la porte et se rendort

[...]

LA PARQUE
ou
LA DAME DES TOILETTES

Pour les Messieurs, par ici !
Pour les Dames, par là !

Est-ce que c'est libre ?
Alors, entrez !

C'est occupé ?
Alors, attendez !

IL Y A QUELQU'UN.

Que pensez-vous de ce facteur ? Fait-il bien son travail ?

«Les écrits s'envolent, les paroles restent», dit le facteur. Est-ce bien vrai ?

Jouez la scène d'un facteur «normal» et puis celle d'un facteur «bizarre» comme celui de Prévert.

Quel est le contraire de «Il y a quelqu'un ?»

Apprenez par cœur ce petit poème.

Jouez la scène avec des camarades.

LA CONDAMNATION
ou
LE MÉDECIN

Déshabillez-vous !
Déshabillez-vous complètement !
Ne gardez rien sur vous !

Restez debout, levez les bras, baissez-les !
Dites : trente-trois, trente-trois, trente-trois !

Étendez-vous !
Ouvrez la bouche, tirez la langue, regardez au plafond !
Regardez-moi !

Retenez votre souffle !
Un, deux, trois : respirez maintenant !

Retenez votre souffle... Respirez !
Respirez fort !

Respirez à fond !
Fermez les yeux !

NE RESPIREZ PLUS !

Jean Tardieu, *Œuvres posthumes du professeur Froeppel*. Gallimard.

Observez et relevez les ordres à l'impératif du médecin.

Est-ce que ce poème est « réaliste » ?

Trouvez-vous la fin du poème « tragique » ? Pourquoi ?

60

EXERCICE 1 Qu'en pensez-vous ?

Tour Eiffel.
Je trouve la tour Eiffel majestueuse.

1. Seine.

   ....

2. Cafés.

   ....

3. Parisiens.

   ....

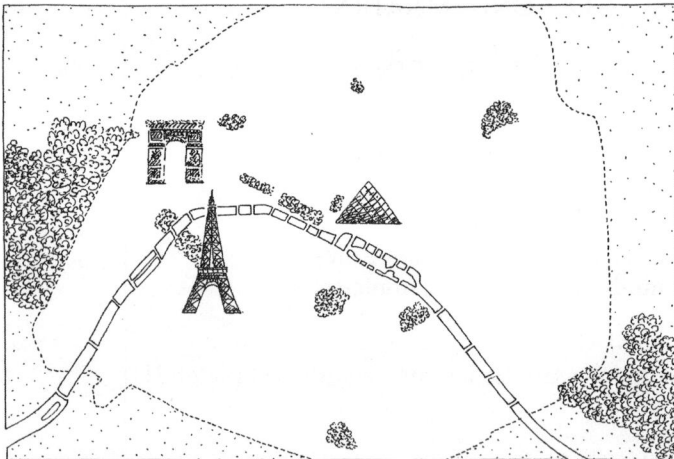

4. Pyramide du Louvre.

   ....

5. Jardins de Paris.

   ....

6. Ponts de Paris.

   ....

7. Arc de Triomphe.

   ....

60

EXERCICE 2 Qu'est-ce que vous préférez ?

1. Ville/campagne

....

2. Art moderne/art classique

....

3. Monuments anciens/monuments modernes

....

4. Quartiers anciens/quartiers modernes

....

5. Petits magasins/grands magasins

....

57

EXERCICE 3 Quelle heure est-il ?

Temps administratif formel

1. À l'aéroport, le soir il est ....

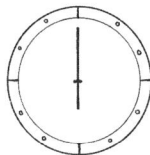

2. À la gare, à midi
....

3. À la poste, le soir
....

4. À la télévision, le soir
....

5. À la radio, le soir
....

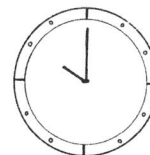

Temps informel

6. À la maison, le soir il est ....

7. Dans la rue, à midi
....

8. Dans un café, le soir
....

9. À l'école, le matin
....

- *six heures / dix-huit heures*
- *huit heures / vingt heures*
- *midi / douze heures*
- *dix heures / vingt-deux heures*
- *minuit / vingt-quatre heures*
- *deux heures / quatorze heures*
- *six heures / dix-huit heures, etc.*

57-72

E X E R C I C E   4   Comment te sens-tu...

1. à sept heures du matin ?

....

2. à midi ?

....

3. après une longue promenade ?

....

4. après un grand travail ?

....

5. avant une séance chez le
dentiste ?

....

6. après l'école ?

....

7. à onze heures du soir ?

....

8. avant un examen ?

....

Avoir

• *faim*
• *soif*
• *sommeil*
• *peur*
• *mal à la tête*
• *mal aux pieds*
• *mal aux dents*

Être

• *fatigué (e)*
• *malade*
• *énervé (e)*
• *content (e)*

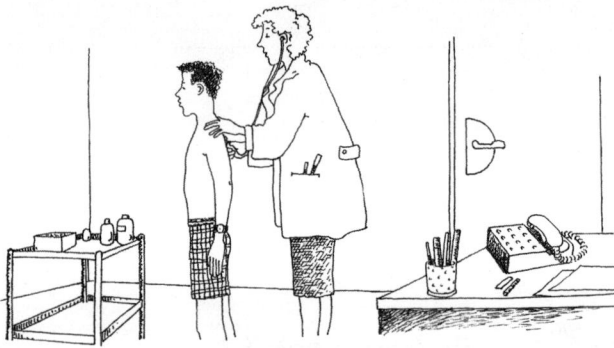

60-72

E X E R C I C E   5   Pour justifier son opinion.

Dites pourquoi vous aimez ces différentes activités.

J'aime flâner sur les grands boulevards **parce qu'il y a
beaucoup de** choses **à voir.**

1. ....

....

2. ....

....

3. ....

....

4. ....

....

5. ....

....

6. ....

....

• *voyager*
• *entrer dans les librairies*
• *faire les courses dans les
grands magasins*
• *écouter la radio*
• *regarder la télévision*
• *aller à l'école*
• *aller à la discothèque...*

73

EXERCICE 6 Pour apprécier quelqu'un : la comparaison avec « comme ».

Un enfant qui dort est **tranquille**,

alors on dit : tranquille **comme** un enfant qui dort.

1. **Un agneau** est très **doux**,

   alors on dit :..

2. **Une pie** est très **bavarde**,

   alors on dit :..

3. **L'éclair** est très **rapide**,

   alors on dit :..

4. **Le pain** est très **bon**,

   alors on dit :..

5. **La pluie** est très **ennuyeuse**,

   alors on dit :..

73

EXERCICE 7 Que la montagne est belle !

Pour exprimer son admiration : l'exclamation avec que **ou** comme**… !**

1. La neige : ....!

2. Le ciel en été : ....!

3. La mer sous la tempête : ....!

4. La forêt au printemps : ....!

5. Les arbres en hiver : ....!

6. Les fleurs au printemps : ....!

7. Les blés sous le soleil : ....!

8. Le soleil d'été : ....!

(On peut dire aussi : **Comme** la montagne **est belle** !)

UNITÉ **4**

73

EXERCICE 8 **Le passé récent.**

L'automne **vient d'arriver.**

1. Aujourd'hui, c'est le 23 septembre, je peux dire :

   ....

2. Aujourd'hui, c'est le 22 décembre, je peux dire :

   ....

3. Pierre et Marie sortent, quelques minutes plus tard, vous demandez où ils sont.
   On vous répond : ....

4. Un ami entre chez vous. Vous êtes en train de déjeuner.
   Vous l'invitez mais il répond :

   ....

5. Vous commencez un travail, votre ami (e) demande :
   — Tu as fini ?
   — Mais non ! ....

37

EXERCICE 9 **Pour décrire quelqu'un.**

Observez les tableaux suivants :

la **taille**	:	il **est** de taille moyenne.
le **poids**	:	il **n'est pas** gros.
le **teint**	:	il **est** très bronzé.

la **couleur des cheveux**	: il **a** les cheveux noirs.
la **couleur des yeux**	: il **a** les yeux bleus.
la **forme du visage**	: il **a** le visage rond.

la taille	:	grand	moyen	petit
le poids	:	gros	pas gros	maigre
le teint	:	bronzé	clair	pâle

les cheveux	: noirs	bruns	blonds
les yeux	: noirs	marron	bleus/verts
le visage	: rond	ovale	triangulaire

la **taille**	:	il/elle **mesure** 1,72 mètre.
le **poids**	:	il/elle **pèse** 55 kg.

42

37

🗞️ **EXERCICE 10** **Devinettes.**

1. Il .... grand, il .... pas gros, il .... bronzé, il .... les yeux noirs, il .... le visage ovale, il .... les cheveux noirs et frisés, il .... une barbe noire, il habite Cuba. Qui est-ce ?

2. Elle .... de taille moyenne, elle .... pas grosse, elle .... claire de peau, elle .... les cheveux courts et frisés, elle .... les yeux marron, elle .... le visage ovale, elle habite Londres. Qui est-ce ?

72

🗞️ **EXERCICE 11** **Quiz culturel.**

1. Flâner veut dire : marcher très vite ☐
avoir un but précis ☐
se promener lentement, sans but précis ☐

2. Les miséreux ce sont : des gens qui n'ont ni maison, ni argent ☐
des malades ☐
des gens qui sont dans la misère ☐

3. Des reflets d'argent : ça brille comme de l'argent ☐
c'est de l'argent ☐
ça brille et a la couleur de l'argent (du métal argenté) ☐

4. Les amoureux ce sont des gens : qui s'aiment ☐
qui s'aiment bien ☐
qui n'aiment personne ☐

Si vous ne trouvez pas les réponses, relisez *La France au quotidien*.

37

🗞️ **EXERCICE 12** **Carte signalétique.**

Alain Jonas est votre ami. Décrivez-le.

Alain Jonas ....

....

....

....

....

....

Nom : Jonas
Prénom : Alain
Taille : 1,60 mètre
Poids : 45 kg
Cheveux : blonds
Yeux : verts
Forme du visage : triangulaire
Signes particuliers : barbe et moustaches blondes

60

EXERCICE 17

Nicolas et Julie se marient. Ils invitent leurs amis et leur famille à partager leur joie.

Famille de Nicolas	Famille de Julie
Philippe, père de Nicolas.	François, père.
Marianne, mère de Nicolas.	Françoise, mère divorcée accompagnée de
Catherine, frère de Nicolas.	Luc, son ami.
Michel, frère de Nicolas.	Claire et Marion, sœurs.
Guy et Simone, grands-parents.	Guillaume, cousin.
Odile, tante.	Colette et David, oncle/tante.
Louis, oncle.	
Pierre, Jacques, Martine, Corinne, cousins, cousines.	
Noémie, grand-mère maternelle.	

Donnez la relation de parenté en employant les possessifs.

À son mariage, Nicolas invite son père ....

....

....

....

Julie invite ....

Ils invitent aussi .... amis communs.

60

EXERCICE 18 **Emploi des possessifs.**

Je pars en voyage : je prends .... passeport, ... appareil photo, ...
affaires. Je n'oublie pas .... carnet d'adresses.

Luc part en camping : il prend .... tente, ... sac de couchage, ... sac à
dos ; dedans il a .... affaires : .... rasoir, ... trousse de toilettes, ...
lampe de poche et .... maillot de bain pour se baigner.

Marie va à l'école : elle prend .... cartable .... stylo, ... livre de classe,
.... cahiers, ... crayons de couleur, elle aime bien dessiner.

46

60

EXERCICE 19

Un extrait d'un poème de Jean Tardieu.

Monsieur met ses chaussettes
Monsieur met sa chemise
Monsieur met son veston
Monsieur met ses chaussures...

(*Monsieur Monsieur*, 1951)

Et Madame ?... À vous de continuer ...

Madame met .... veste (f.)

.... robe (f.)

.... chaussures (f.)

.... corsage (m.)

.... bas (m.)

60

EXERCICE 20

Complètez avec des possessifs.

Quand vous venez en classe, prenez .... livres, ... stylos, ... feuilles/cahiers, ... dictionnaire !

60

EXERCICE 21

a. **Qu'en pensez-vous ?**	**Vrai**	**Faux**
La télévision est éducative.	☐	☐
La télévision empêche de penser de façon logique.	☐	☐
Regarder la télévision, c'est voyager dans le monde entier.	☐	☐
Le cinéma, c'est le partage des émotions.	☐	☐
Le cinéma, c'est l'évasion, la liberté.	☐	☐
Aller au cinéma, c'est une fête.	☐	☐
Le sport, c'est la santé.	☐	☐
Le sport développe l'esprit d'équipe.	☐	☐
Pratiquer un sport, c'est perdre son temps.	☐	☐

b. Observez les phrases de l'exercice a. À l'aide des deux listes suivantes, faites des phrases qui correspondent à votre opinion.

Verbes	**Noms**
regarder la télé	les muscles
écouter la musique	la tête (= l'intelligence)
aller au cinéma	la violence
visiter les musées	l'agressivité
partager une émotion	l'équilibre
faire du sport/de la danse/du judo	l'esprit de compétition
habiter à la campagne	la culture
rester jeune	un besoin
développer/cultiver	une source de jeunesse
garder/perdre	un capital de santé
apporter/enlever	la passivité
diminuer/augmenter	l'oreille
empêcher de	le sens artistique

c. Faites vous-même un test : vrai / faux.

60

EXERCICE 22

Faites votre portrait en choisissant dans chacune des listes ce que vous aimez le plus et ce que vous n'aimez pas.

Sports	**Activités**	**Lieux**
la marche	la chasse	la mer
la natation	la pêche	la montagne
le jogging	le golf	le désert
le vélo	l'alpinisme	la forêt
le ski	la voile	la campagne
le tennis	le tourisme	la grande ville
		la petite ville

Valeurs que vous appréciez	**Défauts que vous détestez le plus**
la justice	l'égoïsme
la liberté	le mensonge
la beauté	l'intolérance
la bonté	la violence
la tolérance	la vulgarité
le courage	la bêtise
la fidélité	
l'amour	
la générosité	

[...]

LA FUGUE DU PETIT POUCET

Des étoiles dansent autour de lui avec des exclamations et des rires argentins. Des étoiles ? Non, des lanternes. Ce sont des gnomes qui les tiennent. Des gnomes ? Non, des petites filles. Elles se pressent autour de Pierre.

— Un petit garçon ! Perdu ! Abandonné ! Endormi ! Il se réveille. Bonjour ! Bonsoir ! Hi, hi, hi ! Comment tu t'appelles ? Moi c'est Nadine, et moi Christine, Carine, Aline, Sabine, Ermeline, Delphine...

Elles pouffent en se bousculant, et des lanternes dansent de plus belle. Il se lève. Les sept petites filles l'entourent, l'entraînent, impossible de leur résister.

— Notre nom de famille, c'est Logre. On est des sœurs.

— On habite à côté. Tiens, tu vois cette lumière dans les arbres ? Et toi ? Tu viens d'où ? Comment tu t'appelles ?

C'est la seconde fois qu'elles lui demandent son nom. Il articule : «Pierre.» Elles s'écrient toutes ensemble : «Il sait parler ! Il parle ! Il s'appelle Pierre ! Viens, on va te présenter à Logre.»

Michel Tournier, *Le Coq de bruyère.* «La fugue du petit Poucet». Gallimard.

Pierre se réveille en pleine forêt. Qu'est-ce qu'il croit voir ?
Relevez les phrases qu'on utilise habituellement pour faire la connaissance de quelqu'un.
Imaginez entre vous la scène d'une « rencontre » inattendue, puis jouez-la.

*Pour notre nouveau fauteuil
nous nous sommes inspirés de certains de vos modèles.*

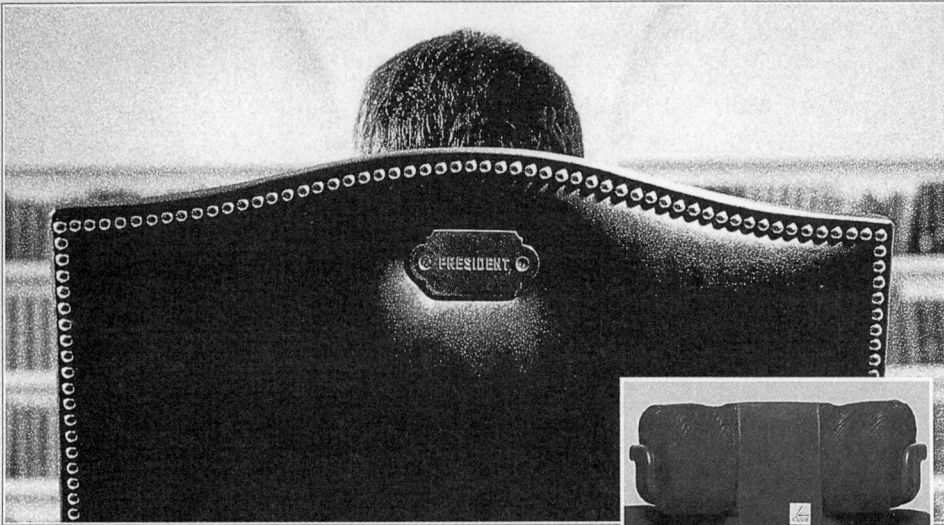

CLUB

Le fauteuil est souvent le signe le plus évident de la réussite, même s'il n'en est pas le seul avantage. Pour notre nouvelle classe Le Club long-courrier, il en va de même.
Lors de votre voyage, vous en apprécierez les multiples fonctions. Une fois ins-tallé dans le nouveau fauteuil long-courrier Espace 2000, les jambes sur le repose-pied, la tête maintenue par le repose-tête réglable, le dos incliné à 32° : le tableau de commande électronique à portée de la main, vous jouirez pleinement du plaisir d'être un passager privilégié.

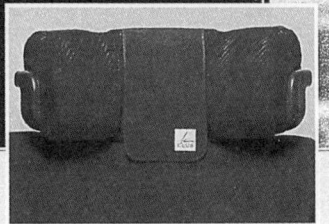

POUR NOUS, VOUS ÊTES LE CENTRE DU MONDE

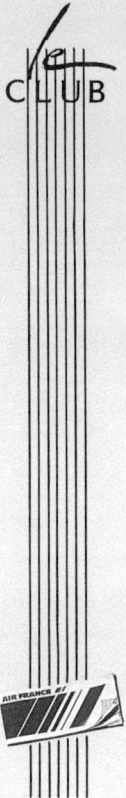

AIR FRANCE

1. Lisez le texte de cette publicité et répondez.

À qui s'adresse cette publicité ? Caractérisez ce public, ce qu'il aime, comment il vit, ce dont il a besoin.

— Ce sont ....

— Ils aiment ....

— Ils ont besoin de ....

— Ils veulent être considérés comme ....

Relisez bien le texte. N'avez-vous pas oublié un aspect de leurs goûts ou de leurs besoins auxquels le publicitaire a fait allusion ?

....

....

2. Les publicitaires ne se sont pas adressés aux femmes. Pourquoi ? Ont-ils raison ?

....

....

3. Choisissez un public de voyageurs et imaginez une publicité pour une classe d'avion répondant à leurs besoins.

50

78

EXERCICE 1 **C'est une évidence !**

Il y a **du** vin et **de la** bière aussi.
Il y a **des** sandwiches.

Répondez aux questions suivantes .

1. Qu'est-ce qu'il y a dans une tasse de café ?

    ....

2. Et dans une tasse de lait ?

    ....

3. Et dans une bouteille d'eau ?

    ....

4. Et dans une bouteille d'huile ?

    ....

5. Et dans un paquet de farine ?

    ....

6. Et dans un paquet de lessive ?

    ....

7. Et dans un paquet de bonbons ?

    ....

8. Et dans un magasin de vêtements ?

    ....

9. Et dans un magasin de disques ?

    ....

10. Et dans un pot de confiture ?

    ....

EXERCICE 2 La liste des courses de Madame Perdu.

■ plus de
■ du
■ de la
■ de l'
■ des

1. Madame Perdu n'a .... beurre,

   alors elle va acheter .... beurre.

2. Madame Perdu n'a .... café,

   alors elle va acheter .... café.

3. Madame Perdu ....

   alors ....

4. Madame Perdu ....

   alors ....

5. Madame Perdu ....

   alors ....

6. Madame Perdu ....

    alors ....

7. Madame Perdu ....

   alors ....

8. ....

   ....

9. ....

   ....

10. ....

   ....

Acheter

beurre – café – farine – lessive –
eau – pain – fruits – timbres –
légumes – fromage

78

EXERCICE 3 **Il n'aime rien, celui-là !**

Oui, Pierre est difficile, mais vous lui proposez autre chose et il l'accepte.

• **Au café**

1. — Je n'aime pas le café !

   — Alors, ...

   — Oui, c'est une bonne idée.

• **Au restaurant**

2. — Je n'aime pas la viande !

   — Alors, ...

   — D'accord !

• **Au supermarché**

3. — Je n'aime pas les haricots !

   — Alors, ...

   — Tu as raison !

• **À la librairie**

4. — Je n'aime pas les bandes dessinées.

   — Alors, ...

   — Ah oui, c'est une bonne idée.

• **Dans un magasin de vêtements**

5. — Je n'aime pas les manteaux.

   — Alors, ...

   — Ah oui, j'aime bien les blousons.

78

EXERCICE 4 **L'impératif, pour demander quelque chose.**

Donnez-moi de l'eau.

1. Au café.

   .... ! (un café/un thé)

2. À un ami qui a un Walkman.

   .... ! (ton Walkman)

3. À vos amis qui partent en vacances.

   .... !

4. À un ami qui part aux États-Unis.

   .... !

5. Vous frappez à la porte de vos amis.

   .... !

• *donner*
• *prêter*
• *écrire*
• *ouvrir*
• *répondre*
• *téléphoner*

6. Vous voulez une réponse à votre lettre, vous écrivez :

.... !

7. Vous voulez recevoir une lettre de votre ami (e), vous écrivez :

.... !

8. Dites à votre ami (e) de vous téléphoner ce soir.

.... !

78

EXERCICE 5 **La restriction.**

On **n'a que** des sandwiches = on a **seulement** des sandwiches.

■ Ne... que = seulement

• Au café
— Donnez-moi un sandwich.
— Désolé, il **n'**y a **que** des croissants.

1. — Je voudrais ....

— Désolé, on **n'**a **que** ....

2. — Vous avez des ....

— Ah non, il y a **seulement** ....

3. — Donnez-moi ....

— Ah ! désolé, ...

4. — ....

— Ah ! désolé, ...

5. — ....

— Ah ! c'est impossible, ...

6. — ....

— ....

7. — ....

— ....

88-89-90

EXERCICE 6 Le Français moyen et la consommation.

Complétez les phrases suivantes.

1. Le Français moyen .... 100 F par jour.

2. Il .... au restaurant à midi.

3. .... eau à midi et .... vin le soir.

4. .... des cadeaux à Noël et au Premier de l'an.

5. Au restaurant, ... , de préférence, des plats français.

6. .... la musique américaine.

7. .... environ 6 000 F par mois et ....
   beaucoup en nourriture.

8. .... une petite maison dans la banlieue parisienne.

9. .... deux enfants et une petite voiture.

10. .... ses produits au supermarché.

11. .... des fleurs à ses amis quand il est invité.

- *dépenser*
- *manger*
- *boire*
- *acheter*
- *recevoir*
- *offrir*
- *choisir*
- *aimer*
- *gagner*
- *dépenser*
- *habiter*
- *avoir/posséder*
- *acheter*
- *offrir*

88-89-90

EXERCICE 7 Quiz culturel.

1. «Consommer» veut dire : acheter ☐
   dépenser ☐
   économiser ☐

2. Une carte mensuelle : c'est une carte qui dure un mois ☐
   c'est une carte qui dure un an ☐
   c'est une carte qui dure une semaine ☐

3. Un supermarché : c'est une épicerie de quartier ☐
   c'est un grand magasin de mode ☐
   c'est une grande surface où on fait son marché ☐

4. Le marché aux puces : c'est une boutique bon marché ☐
   c'est un marché où il y a seulement des vêtements ☐
   c'est un marché où il y a beaucoup de boutiques
   différentes ☐

5. Un bulletin de salaire : c'est une facture à payer ☐
   c'est un relevé mensuel des dépenses ☐
   c'est une note qui indique combien gagne
   un employé pendant un mois de travail ☐

EXERCICE 12

Si tu n'aimes pas la viande, mange des légumes !

1. Moi, j'aime les fruits alors je mange souvent .... et
   aussi ....

2. Moi, j'adore le poisson alors je mange ....

3. Vous aimez le lait alors mangez .... fromage et buvez ....
   et prenez .... yaourts le matin au petit déjeuner !

4. Moi, je n'aime pas le poisson alors je mange .... viande avec .... légumes.

5. Nous, nous aimons beaucoup les gâteaux alors nous mangeons .... tartes aux fruits
   et .... cakes.

6. Moi, je n'aime pas les gâteaux alors je mange .... fruits, ... oranges, ...
   pommes, ... bananes !

7. Vous voulez .... vin ? Non, merci, je n'aime pas .... vin !

8. Tu veux de la bière ? Non merci, je n'aime pas .... bière !

9. Alors tu prends un verre d'eau ? Oui, je préfère .... eau !

10. Moi j'aime .... vin, ... viande, ... légumes, ... fruits et aussi
    .... eau : c'est pour cela que je mange trop !

- *pommes*
- *poires*
- *raisin*
- *thon*
- *sardines*

EXERCICE 13

**Dans la langue familière, on emploie souvent
cette expression «t'as qu'à...*»**

Oh ! je suis fatigué !
Tu n'as qu'à dormir...

■ Tu n'as qu'à...

Voici quelques situations où cet emploi est possible.

1. — Je ne connais pas le numéro de téléphone de Janine.
   — .... demander à Dominique !

2. — Je voudrais aller au soleil !
   — .... aller en Martinique : il y a toujours du soleil là-bas.

3. — Je n'ai pas de nouvelles de mes parents !
   — .... écrire plus souvent !

4. — Je n'ai pas assez d'argent... !
   — .... dépenser moins d'argent !

5. — Je voudrais réussir mon contrôle !
   — .... travailler régulièrement !

---

* t'as qu'à (fam.) = tu n'as qu'à.

78

EXERCICE 14

Publicité   Du pain
                 Du vin
                 Du Boursin*   *(notez la rime...)*

    Faites un petit poème assonnancé !

[O] **1.** De l'eau, ... c'est beau !

[Ẽ] **2.** Du vin .... c'est divin !

[i] **3.** Des amis .... c'est fini !

* marque de fromage.

78

EXERCICE 15   **Essai poétique.**

Lisez cet extrait de poème de Jacques Prévert et écrivez un texte à sa manière.

Inventaire

Une pierre
deux maisons
quatre fossoyeurs
un jardin
des fleurs

un raton laveur

une douzaine d'huîtres un citron un pain
un rayon de soleil
une lame de fond
six musiciens
une porte avec son paillasson
un monsieur décoré de la légion d'honneur

un autre raton laveur

...
...
un sculpteur qui sculpte Napoléon et
cinq ou six ratons laveurs

un petit garçon qui entre à l'école en pleurant
un petit garçon qui sort de l'école en riant
une fourmi
...
un paysage avec beaucoup d'herbe dedans
une vache
un taureau
...
un vin blanc citron
...
cinq points cardinaux
...
cinq minutes d'entracte
et
...
plusieurs ratons laveurs

Jacques Prévert, *Paroles*. Gallimard.

EXERCICE 16 **Découvrez la règle d'emploi de «en».**

— Tu veux **un** sandwich ?	— Oui, j'**en** veux **un** au jambon.
— Tu as **des** amis français ?	— Oui, j'**en** ai **deux**.
— Tu **n'**as **pas de** stylo ?	— Non, je **n'en** ai **pas**.
— Il y a **des** sandwiches ?	— Oui, il y **en** a.

— Tu veux   **du** café ?

               de la bière ?   — Oui, j'**en** veux.

               des croissants ?   — Non merci, je n'**en** veux pas.

               de l'eau fraîche ?

— Vous voulez   **un** verre de vin ?   — Oui, j'**en** veux **un**.

                  une salade ?   — Non, je n'**en** veux pas, merci.

                  des fruits ?   — Oui, j'**en** veux bien : des cerises s'il vous plaît.

— Vous **n'**avez **plus de** tarte   — Non, monsieur, nous **n'en** avons **plus** !
aux pommes ?

a. Répondez en employant « en ».

— Alors, vous n'avez plus de croissants ?

— Non, monsieur, nous ....

— Et vous avez des sandwiches ?

— Oui, monsieur, nous ....

b. Que voulez-vous manger ?

— Je voudrais manger du poulet rôti, vous ...... avez ?

— Oui, nous .... , vous voulez des frites avec ?

— Non, vous avez des légumes, des haricots verts ?

— Oui, nous ...., avec de la salade ?

— Non merci, je n' .... prends jamais : je n'aime pas ça.

c. Relisez *La France au quotidien*.

Mettez-vous par deux et posez-vous des questions sur la consommation des Français.

— Les jeunes Français boivent-ils beaucoup d'alcool ?

— Non, ils **en** boivent **peu**. Ils préfèrent boire du Coca ou de l'Orangina.

— Les Français achètent-ils souvent des fleurs ?

78

EXERCICE 17

Savez-vous préciser la quantité ?

1. Est-ce que tu manges du pain ?

....

2. Veux-tu de la salade ?

....

3. Tu bois du vin ?

....

4. Tu manges beaucoup de fruits ?

....

5. Tu manges de la viande ?

....

6. Tu mets du lait dans ton thé ?

....

7. Voulez-vous encore un peu de tarte ?

....

8. Tu bois beaucoup d'eau ?

....

■ (un) peu de/d'...
■ (pas) beaucoup de/d'...

78

EXERCICE 18

Savez-vous interroger sur la quantité ?

Trouvez les questions.

1. — ....
   — Donnez-m'en cinq cents grammes.

2. — ....
   — Un verre, pas plus.

3. — ....
   — Donnez-m'en six.

4. — ....
   — Oui, encore un peu s'il te plaît.

5. — ....
   — Non merci, je n'en mange pas, je suis végétarien.

6. — ....
   — Juste un verre, je conduis.

EXERCICE 19 **Dites-le avec des fleurs.**

Certaines fleurs* sont d'une seule couleur : le coquelicot est rouge. D'autres fleurs peuvent avoir plusieurs couleurs : la rose peut être blanche, rose, rouge, jaune.

a. Trouvez la couleur.

Complétez les phrases suivantes.

La rose[1] peut être ....

La marguerite[2] est ....

L'anémone[3] peut être ....

Le coquelicot[4] est ....

La pervenche[5] est ....

Le lilas[6] peut être ....

Le mimosa[7] est ....

Le bleuet[8] est ....

Le lys[9] est ....

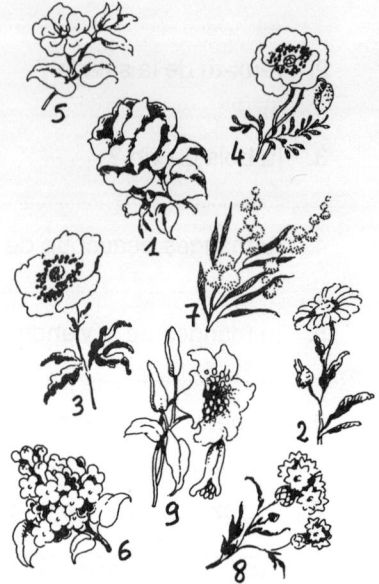

b. Faites trois bouquets différents.

– Un bouquet à une femme qu'on aime (vous aimeriez le donner si vous êtes un homme, et le recevoir si vous êtes une femme).

Dans mon bouquet, il y a ....

....

....

– Un bouquet pour la fête des Mères.

....

....

....

– Un bouquet pour célébrer le Bicentenaire de la Révolution française (il doit y avoir des fleurs bleues, blanches et rouges).

....

....

....

---

* Vous pouvez trouver ces noms de fleurs dans le dictionnaire. Sélectionnez seulement trois ou quatre fleurs qui vous plaisent et qui sont utiles pour faire vos bouquets.

78

EXERCICE 20 **Faites votre gâteau préféré.**

Prenez dans les listes ce que vous mettez dans votre gâteau.

la farine

le sucre

le lait

l'œuf (m.)

le beurre

la crème fraîche

le chocolat

la vanille

la framboise

la fraise

la pomme

le citron

l'amande (f.)

la noix

le rhum

le Grand Marnier

la bière

Pour faire un gâteau, je prends de la (du, de l', des) ....

....

....

Qu'est-ce que c'est comme gâteau ?

Dites à la classe avec quoi est fait votre gâteau, vos camarades trouveront peut-être le nom du gâteau.

Faites votre sauce préférée.

Votre sauce est faite pour accompagner du poisson ou de la viande ? Quel poisson ? Quelle viande ? (du bœuf – de l'agneau – du veau – du porc – du mouton).

Choisissez :

l'huile (f.)

le vinaigre

le vin

le citron

le poivre

le sel

l'oignon (m.)

l'ail (m.)

le thym

le persil

le laurier

la tomate

la menthe

les herbes

de Provence (f.)

le clou de girofle

Rajoutez ce qui manque : ....

Ma sauce préférée est faite avec : ....

....

78

EXERCICE 21 **Trouvez l'action.**

Avec les deux noms suivants, fabriquez :

une phrase banale	**une phrase insolite**
Le chat mange la souris.	Le chat rêve à la souris.
	La souris dort sur la queue du chat.

Noms

l'oiseau/l'arbre

le chien/le chat

le nuage/le ciel

la piscine/l'enfant

le sandwich/le client

la mère/l'enfant

le téléphone/le répondeur

la femme/la robe

le touriste/l'aéroport

Verbes

• *rêver à*

• *refuser*

• *choisir*

• *arriver à*

• *se perdre*

• *penser à*

• *parler de*

• *chercher*

• *(se) trouver*

• *aimer*

  etc.

78

EXERCICE 22 **Trouvez l'adjectif.**

Il y a beaucoup de nuages dans le ciel : le ciel est ....

C'est l'été, il fait beau : la mer est ....

En hiver, il pleut : la ville est ....

Il neige, la montagne est toute ....

Les enfants parlent tout le temps, ils sont ....

Tu ne comprends rien, tu es ....

Je caresse mon chat parce qu'il est ....

Je n'aime pas cet animal parce qu'il est ....

Il aime sa femme parce qu'elle est ....

Elle ne répond pas au téléphone parce qu'elle est ....

L'ADDITION

LE CLIENT

Garçon, l'addition !

LE GARÇON

Voilà. (*Il sort son crayon et note.*) Vous avez… deux œufs durs, un veau, un petit pois, une asperge, un fromage avec beurre, une amande verte, un café filtre, un téléphone.

LE CLIENT

Et puis des cigarettes !

LE GARÇON

(*Il commence à compter*)

C'est ça même… des cigarettes…
… Alors ça fait…

LE CLIENT

N'insistez pas, mon ami, c'est inutile, vous ne réussirez jamais.

LE GARÇON

! ! ! !

LE CLIENT

On ne vous a donc pas appris à l'école que c'est ma-thé-ma-ti-que-ment impossible d'additionner des choses d'espèce différente !

LE GARÇON

! ! ! !

LE CLIENT

(*élevant la voix*)

Enfin, tout de même, de qui se moque-t-on ? … Il faut réellement être insensé pour oser essayer de tenter d' « additionner » un veau avec des cigarettes, des cigarettes avec un café filtre, un café filtre avec une amande verte et des œufs durs avec des petits pois, des petits pois avec un téléphone… Pourquoi pas un petit pois avec un grand officier de la Légion d'honneur, pendant que vous y êtes ! (*Il se lève.*)

Non, mon ami, croyez-moi, n'insistez pas, ne vous fatiguez pas, ça ne donnerait rien, vous entendez, rien, absolument rien… pas même le pourboire !

(*Et il sort en emportant le rond de serviette à titre gracieux.*)

Jacques Prévert, *Histoires*. Gallimard.

Pourquoi le garçon dit-il « **un** veau, **un** petit pois, **une** asperge » ?
Pensez-vous que le client a raison ?
Si vous étiez le garçon, comment réagiriez-vous ?

94

EXERCICE 1 **Si tu veux, tu peux !**

■ pouvoir/vouloir
+ inf.
■ aller + inf.

1. — Je ne .... travailler aujourd'hui.
   — Pourquoi ?
   — Je suis malade.

2. — Ils ne .... pas sortir ce soir.
   — Pourquoi ?
   — Ils n'aiment pas sortir pendant la semaine.

3. — Vous ne .... pas sortir ce soir ?
   — Où .... -vous aller ?
   — Au théâtre.
   — D'accord, je .... bien, mais je ne .... pas être libre avant
   20 heures.
   — Ça ne fait rien, la séance commence à 21 heures.

4. — Vous .... acheter un appartement ? Dans ma rue, il y a un appartement
   à vendre à 600 000 francs.
   — Oui, on .... bien, mais on .... , c'est trop cher.

5. — Il fait chaud ici, je .... ouvrir la fenêtre ?
   — Ah non, je .... ! Je suis enrhumée, je .... avoir froid !

6. — Ils .... venir à la maison ce soir.
   — Ils refusent ? Pourquoi ?
   — Ils .... partir en vacances demain matin à 7 heures.

7. — Vous .... prendre un plat à la carte ?
   — Non, je .... prendre le menu, c'est moins cher.

8. — Elle .... manger.
   — Pourquoi ?
   — Elle n'a pas de cuillère.

9. — Je suis désolée, mais .... sortir cette semaine.
   — Pourquoi ?
   — On .... terminer la salle de bains.

10. — On .... partir à Londres, demain.
    — Vous .... prendre le train ou l'avion ?
    — On .... prendre l'avion, c'est plus rapide.

94

EXERCICE 2 Relations interpersonnelles.

Ce soir, on **t'**invite.
Demain, je **vous** téléphone.

■ te/t'...
■ vous...

1. Dites à votre ami (e) que vous allez lui téléphoner ce soir :

   ....

2. Dites à votre ami (e) que vous allez lui écrire la semaine prochaine :
   ....

3. Dites à vos parents que vous les invitez au restaurant dimanche :
   ....

4. Dites à votre ami (e) que vous lui offrez une place de cinéma samedi soir :
   ....

5. Dites à vos amis que vous allez les rencontrer ce soir, aux Papillons, à 8 heures :
   ....

6. Dites à votre ami (e) que vous allez l'attendre ce soir à la sortie du lycée :
   ....

107-108-109

EXERCICE 7 **Trouvez un verbe de la même famille.**

Une rencontre : rencontrer/se rencontrer.

1. Une réunion : ....
2. Un serveur : ....
3. Un peintre : ....
4. Une addition : ....
5. Un sculpteur : ....
6. Un comptoir : ....
7. Une promenade : ....
8. Un vendeur : ....
9. Une offre : ....
10. Une annonce : ....

107-108-109

EXERCICE 8 **Retrouvez qui fait quoi.**

Ils peignent : ce sont des peintres.

1. Ils servent : ....
2. Ils dessinent : ....
3. Ils enseignent : ....
4. Ils écrivent : ....
5. Ils créent : ....
6. Ils inventent : ....
7. Ils sculptent : ....

107-108-109

EXERCICE 9 **Rendez à César ce qui est à César.**

| un modèle | un roman | un client | un article |

| une matière | une statue | un tableau | une addition |

Le **professeur** enseigne une **matière**.
Un peintre a besoin d'un modèle.

1. ....
2. ....
3. ....
4. ....
5. ....
6. ....
7. ....

- *romancier*
- *peintre*
- *serveur*
- *journaliste*
- *lecteur*
- *sculpteur*

94

EXERCICE 10   **Savez-vous rassurer quelqu'un ?**

— Ahmed, tu viens au café avec nous ?
— Non, je suis « fauché » !
— **Ne t'inquiète pas**, on va s'arranger.

• ne pas s'inquiéter
• ne pas se faire de soucis

1. Que dites-vous à un ami qui …

   • a peur de ne pas réussir un examen ?

   ....

   • doit subir une intervention chirurgicale ?

   ....

   • doit prendre un avion et qui est en retard ?

   ....

2. Que dites-vous à Pierre et à Michel qui …

   • ne peuvent pas aller avec vous au restaurant parce que le menu est trop cher ?

   ....

   • ne sont pas libres pour votre soirée d'anniversaire ?

   ....

   • partent en week-end sans réservation d'hôtel ?

   ....

94

EXERCICE 11   **Impératifs affirmatif/négatif.**

1. Demandez à votre ami de venir tout de suite.

   Je vais partir, ne .... pas trop tard !

2. Demandez à vos amis de faire une réunion.

   ....

3. Dites à votre fille de ne pas sortir trop tard.

   ....

4. Dites à votre ami de faire le repas.

   ....

5. Dites à vos parents de venir dîner chez vous.

   ....

6. Dites à vos amis de rester encore un peu.

   ....

• venir
• sortir
• aller
• faire
• partir

PARIS

[...]

Se souvenir aussi que l'Arc de Triomphe fut bâti à la campagne (ce n'était pas vraiment la campagne, c'était plutôt l'équivalent du bois de Boulogne, mais, en tout cas, ce n'était pas vraiment la ville).

Se souvenir aussi que Saint-Denis, Bagnolet, Auber-villiers sont des villes plus importantes que Poitiers, Annecy ou Saint-Nazaire.

Se souvenir que tout ce qui se nomme « faubourg » se trouvait à l'extérieur de la ville (faubourg Saint-Antoi-ne, faubourg Saint-Denis, faubourg Saint-Germain, fau-bourg Saint-Honoré).

Se souvenir que si l'on disait Saint-Germain-des-Prés, c'est parce qu'il y avait des prés.

Se souvenir qu'un « boulevard » est à l'origine une promenade plantée d'arbres qui fait le tour d'une ville et qui occupe ordinairement l'espace où étaient d'anciens remparts.

Se souvenir, au fait, que c'était fortifié…

Georges Perec, *Espèces d'espace*. Galilée.

Faites à votre tour, une description de votre ville.

— Quelles rues sont les plus fréquentées ?

— Quels sont les transports qui permettent de sortir de la ville ?

— Autrefois quelles étaient les limites de la ville ?

— Recherchez l'origine des noms de lieux…

— Comment pourriez-vous définir votre ville ?

Cap Colombie.
Il a la langueur de ces rivages
et la sensualité de leurs filles.
Il a le parfum de cette terre
et il est sa musique.

CAP COLOMBIE. LA SUBTILITÉ DU PUR COLOMBIE.

Alta Rica.
Il a la force et la rudesse
de ces hauts plateaux.
Il a la fierté de ce pays
et il est sa gloire.

ALTA RICA. LA PUISSANCE DU PUR ARABICA.

1. Recherchez tous les mots désignant des objets ou des personnes et qui pourraient s'appliquer à chacune de ces deux descriptions.

Café Colombie
Il a la langueur de ces rivages et la sensualité de leurs filles. Il a le parfum de cette terre et il est sa musique.

Café Alta Rica
Il a la force et la rudesse de ces hauts plateaux.
Il a la fierté de ce pays et il est sa gloire.

2. En gardant le même modèle syntaxique, changez les noms pour obtenir des descriptions qui peuvent caractériser les objets et personnes suivants :

le vin	Paris	Julio Iglesias	(ou tout autre objet
le vent	votre capitale	Michael Jackson	ou personne)
l'eau	votre ville natale	Napoléon	
le ciel	votre acteur préféré		

3. Faites trois devinettes sur ce modèle.

Il a … il a … et il est…
Qui est-ce ?

73

112

Pour indiquer une direction à quelqu'un.

■ **Impératif à la forme affirmative/négative**

1. — Pour aller au Luxembourg, s'il vous plaît ?

   — Vous êtes pressé ?

   — Oui.

   — Alors, ..., ça va plus vite.

2. — Pour aller à la Pyramide du Louvre ?

   — Vous n'êtes pas pressé ?

   — Non.

   — Alors, ..., jusqu'à la Seine.

3. — Pour aller à la gare Montparnasse ?

   — Eh bien, ... le métro, c'est trop compliqué !
   mais .... l'autobus 91, c'est direct.

4. — Il faut descendre à Montparnasse pour aller au Louvre ?

   — Ah non, ... à Montparnasse, c'est trop loin !
   .... à la station Louvre, c'est à côté du musée.

5. — Je suis pressée, je dois aller à l'Odéon.

   — Vous êtes en voiture ?

   — Oui.

   — .... votre voiture stationnée et ....
   le chemin à pied, c'est tout près d'ici.

- *prendre le métro*
- *aller à pied*
- *prendre l'autobus*
- *descendre à Montparnasse*
- *descendre à la station*
- *prendre sa voiture*
- *laisser sa voiture*
- *faire le chemin à pied*

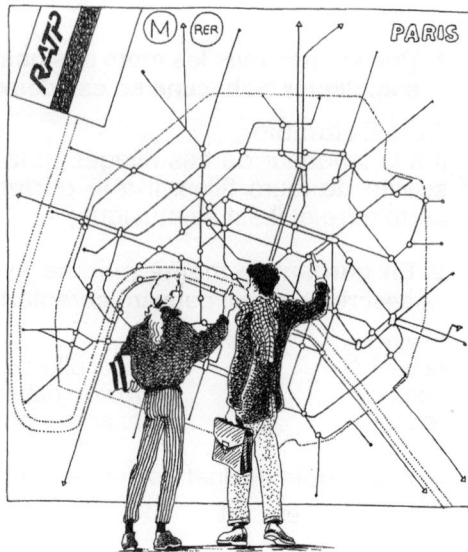

EXERCICE 2 Conseils.

■ Impératif et futur

1. Entre amis.

— Ah ! je me sens mal ! j'ai besoin de vacances.

— Eh bien ! .... ! tu ....

et tu .... toute la journée.

— Ah oui, c'est une bonne idée.

1
- *aller dans les Alpes*
- *respirer l'air pur*
- *faire du ski*

2. Chez le psychologue.

— Ah ! je me sens mal ! Je n'aime plus la vie.

— Alors, ... ! Vous ....

vous .... et vous ....

2
- *prendre des vacances*
- *faire du sport*
- *rencontrer des gens*
- *être heureux*

3. Dans une agence de voyage.

— Je ne sais pas si je dois prendre le train ou l'avion.

— .... ! Vous .... et vous

ne .... ! vous ....

et donc vous .... calmement le lendemain.

3
- *prendre l'avion*
- *aller plus vite*
- *être fatigué*
- *passer une bonne nuit*
- *pouvoir travailler*

4. Dans une agence matrimoniale.

— Alors, qu'est-ce que vous me conseillez pour être heureux ?

— .... ! Vous ne .... plus seul

vous .... vous .... vous

.... et alors, vous verrez, vous ....

4
- *se marier*
- *être seul*
- *avoir une famille*
- *être toujours occupé*
- *avoir toujours de la compagnie*
- *aimer la vie*

5. Chez le médecin.

— Ah ! Docteur, je me sens mal !

— Alors, ... ! et ....

vous n' .... plus mal à la tête, vous ....

et alors vous .... travail.

Dans 48 heures, vous ....

5
- *prendre des médicaments*
- *rester au lit 48 heures*
- *avoir mal à la tête*
- *se sentir bien*
- *pouvoir retourner au travail*
- *être bien*

EXERCICE 5 Regardez le plan du métro.

1. La ligne 7 va ....

.... Porte de la Villette.

2. La ligne 6 ....

.... Charles de Gaulle.

3. La ligne 9 .... Trocadéro

.... Pont de Sèvres.

4. La ligne 13 .... Invalides

.... Saint-Denis.

■ de... à ...
■ du... au...
■ de la... à là...
■ des... aux...

• la Mairie d'Ivry/la Porte de la Villette
• Nation/Charles de Gaulle
• Le Trocadéro/le Pont de Sèvres
• Les Invalides/Saint-Denis

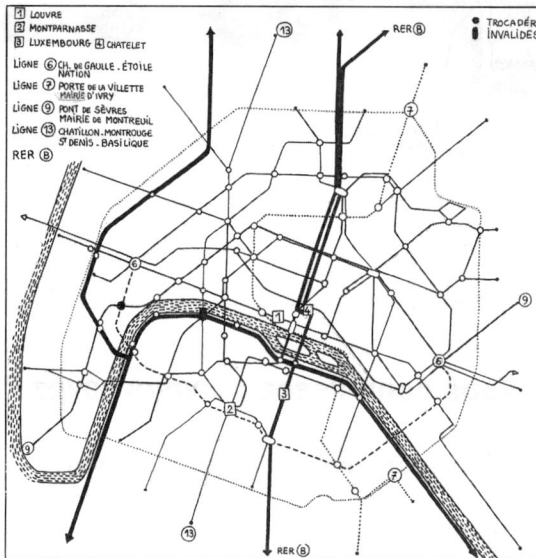

123-124

EXERCICE 6 Quiz culturel.

Pouvez-vous dire en quoi est construit... ?

le Louvre ....

la Géode ....

les grandes tours de la Défense ....

le centre Pompidou ....

la Pyramide du Louvre ....

• acier poli
• pierres
• verre
• granit
• béton
• marbre
• acier inoxydable
• plâtre
• or
• argent

Pouvez-vous dire en quoi sont faits... ?

les bijoux ....

les reproductions des statues du Louvre ....

les statues du Louvre ....

123-124

EXERCICE 7 **Comparaisons culturelles.**

La reproduction de bijoux anciens.
Le musée d'Orsay est dans une ancienne gare.

Trouvez le contraire :

1. des bijoux anciens : a. des bijoux modernes ☐
   b. des bijoux à la mode ☐
   c. des bijoux de l'époque passée ☐

2. une ancienne gare : a. une nouvelle gare ☐
   b. autrefois c'était une gare ☐

Donnez le contraire :

1. un meuble moderne ....

2. un concert de musique ancienne ....

3. une ancienne technique ....

4. une nouvelle construction ....

123-124

EXERCICE 8 **Vocabulaire.**

voir	écouter	apprendre	remarquer

observer	entendre	apercevoir	regarder

admirer	consulter	lire	contempler

1. Regroupez les verbes en deux séries A et B.

Série A : voir.   **Série B** : entendre.

● ....   ● ....

● ....   ● ....

● ....   ● ....

● ....   ● ....

2. Certains de ces verbes sont employés pour «voir» et pour «entendre».

Voici des exemples employés dans le sens de «entendre».

J'ai **appris** la bonne nouvelle par téléphone.

J'ai **remarqué** qu'il avait un accent.

J'ai **consulté** une cartomancienne.

J'ai **admiré** le timbre de sa voix.

Trouvez maintenant des exemples employés dans le sens de «voir».

Apprendre : ....

Remarquer : ....

Consulter : ....

Admirer : ....

123-124

E X E R C I C E   9   **Comparez «voir/regarder» et «entendre/écouter».**

1. Deux de ces verbes indiquent que vous **faites attention**.

Vous utilisez vos sens **et** votre intelligence.

Ces deux verbes sont : .... et ....

2. Deux de ces verbes indiquent que vous utilisez vos sens sans faire particulièrement attention.

Ces deux verbes sont : .... et ....

3. Hier soir, ... la télévision (voir ou regarder ?).

4. Ce soir, je vais .... une conférence (entendre ou écouter ?).

5. Vous .... ce bruit dans la rue (écouter ou entendre ?).

6. Non, je n' .... pas .... de bruit, mais j' .... les dégâts, après l'accident de voiture.

123-124

EXERCICE 10 **Vocabulaire.**

Pour parler de l'espace et du temps.

| être | passer | se trouver | se situer |

| être construit | être placé | être situé | traverser |

| être traversé | occuper | se célébrer | avoir lieu |

| se passer | commencer | finir |

Regroupez les verbes qui indiquent l'espace : série A.

Regroupez les verbes qui indiquent le temps : série B.

Série A (espace)

Être

• ....

• ....

• ....

• ....

• ....

• ....

• ....

• ....

Série B (temps)

Être

• ....

• ....

• ....

• ....

• ....

• ....

• ....

• ....

Complétez les phrases suivantes en utilisant le verbe qui convient.

1. La Seine .... Paris.

2. La gare d'Orsay .... sur la rive gauche.

3. La Seine .... sous le pont Mirabeau.

4. L'Arc de Triomphe .... au centre de la place de l'Étoile.

5. La gare de Lyon .... au sud-est de Paris.

6. La fête de Noël .... le 25 décembre.

7. La fête des Mères .... en mai.

8. Les vacances scolaires .... en juillet et .... en septembre.

9. La fête nationale française .... le 14 Juillet.

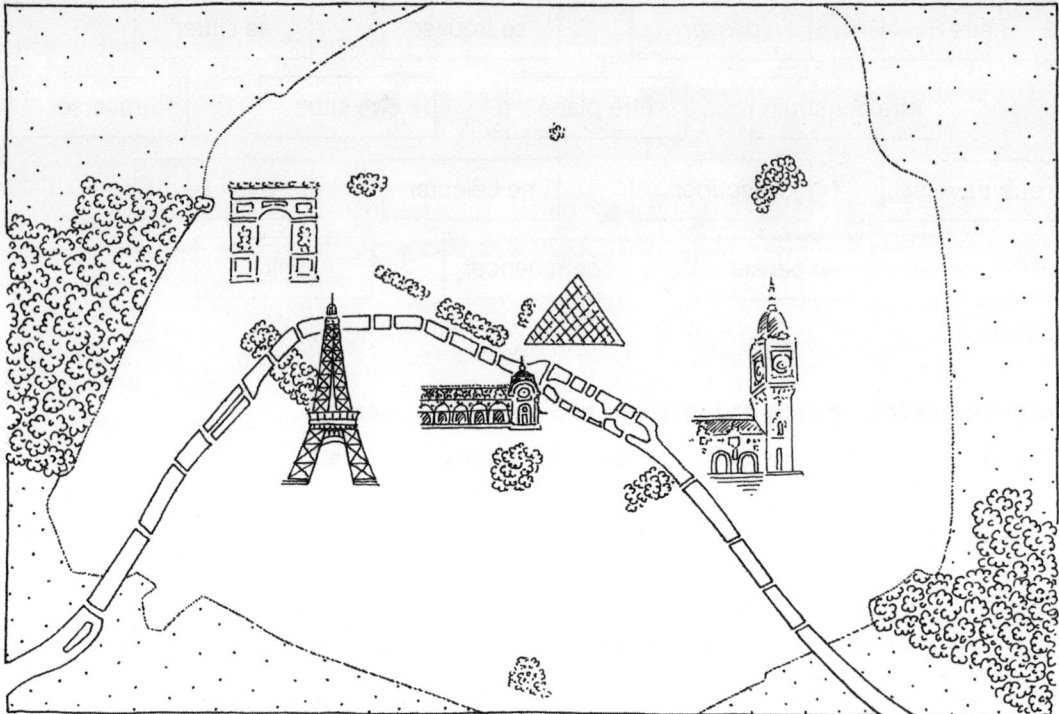

123-124

EXERCICE 11   **Savez-vous exprimer un ordre avec force ?**

Vous donnez l'ordre à quelqu'un de partir en justifiant votre demande.

Allez-vous-en, ne restez pas là, c'est dangereux.

- va-t-en
- allez-vous-en
- allons-nous-en
- ne t'en va pas
- ne vous en allez pas

1. Vous dites à votre ami que vous ne voulez pas continuer à voir ce film : vous le trouvez très mauvais !

....

2. Vous dites à des enfants de ne pas jouer dans la rue parce que c'est dangereux :

....

3. Vous dites à votre ami de ne pas partir parce que vous voulez rester avec lui :

....

4. Vous dites à vos amis de rester avec vous alors qu'ils veulent partir :

....

5. Vous dites à votre petit frère de rester avec vous parce que vous avez envie de jouer avec lui :

....

121

EXERCICE 12 **Apprenez à employer le «y» et le «en» indiquant le lieu.**

a. Mettez-vous par deux et demandez à votre camarade s'il veut vous accompagner.

- Tu **veux venir** avec moi à la piscine ?
- Oui, je veux bien **y** aller./Non, je ne veux pas **y** aller, j'ai du travail !

> ■ pouvoir aller
> ■ vouloir aller
> ■ aller

1. au cinéma : ....

....

2. à la bibliothèque de l'université : ....

....

3. en discothèque : ....

....

4. chez vos copains : ....

....

5. aux festivals de pop musique : ....

....

b. Savez-vous refuser de retourner quelque part parce que vous venez d'y aller ?

A propose ou demande à B	B refuse
A — Peux-tu envoyer ce colis à la poste ?	B — Non, j'**en** viens.
	(= je viens **de** la poste.)
	— Non, j'**en** reviens.
	(= je reviens **de** la poste.)

1. d'aller acheter du pain :

....

2. d'aller à la bibliothèque chercher un livre :

....

3. d'aller chez l'épicier acheter une bouteille de Coca :

....

4. d'aller à la banque porter un chèque :

....

EXERCICE 13

Le pronom «y» peut remplacer un nom de lieu.

1. — On mange bien au *Merle moqueur* ?

   — Oui, on .... bien.

2. — Dans cet hôtel, on dort bien ?

   — Oui, on ....

3. — Dans cette voiture, on est bien ?

   — Oui, on ....

4. — Dans cette maison, il fait bon ?

   — Oui, il ....

5. — Est-ce que tu sais aller à la Défense ?

   — Non, ...

6. — Vous allez souvent au club ?

   — Oui, ... mais je n' .... le week-end parce que je vais à la campagne.

7. — Vous................................ tous les week-ends ?

   — Oui, ma femme aime beaucoup .... aller : elle s'y repose bien.

121

EXERCICE 14 **Employez «y» avec l'impératif.**

Va au cinéma = vas-y (le s évite le contact a/y).

mais
Ne va pas au cinéma = n'y va pas.
Allez au théâtre = allez-y/n'y allez pas.
Allons au Bois = allons-y/n'y allons pas trop tard.

1. — Carmen, tu peux aller à l'épicerie maintenant : .... vite, n' .... pas trop tard !

2. — Si vous voulez vous amuser : allez voir le film *Y a-t-il un pilote dans l'avion ?* ; mais n' .... pas avec des enfants trop jeunes.

3. — C'est beau la tour Eiffel ?

   — ...., vous verrez.

4. — Aller sur la Côte d'Azur, c'est bien ?

   — Oui, mais surtout, n' .... en août, il y a trop de monde.

5. — Et Montmartre ?

   — .... le soir, le spectacle est encore plus beau.

121

EXERCICE 15 **Employez «y» dans la réponse.**

1. — Éric, tu peux aller à la poste, s'il te plaît : j'ai besoin de timbres ?

— Oui, j' ...... vais, mais je n' ...... vais pas tout de suite ; je vais ...... aller plus tard :
je finis mon exercice.

2. — Vous allez au mariage de Nicolas et de Julie ?

— Oui, nous ....

— Vous .... en voiture ?

— Non, nous prenons le train, c'est moins fatigant.

4. — Tu veux aller au restaurant, ce soir ?

— Oui, je ...... bien ...., mais je ne peux pas : je n'ai pas assez d'argent.

— Ne t'inquiète pas : on ...... va avec des copains : on t'invite.

— Bon, alors j' .... avec vous.

5. — Quand pars-tu à Rio ? J' .... en septembre, mais je ne .... pas ...... rester
longtemps. Je n' ...... reste que deux semaines.

LE JUGEMENT
ou
LE COMMISSAIRE-PRISEUR

Ici. Pas à gauche. Pas à droite ni au fond.
Je dis, je répète : ici.
Ni là-bas ni au-dessus ni en dessous.
Ici, c'est ici : je répète c'est ici ni là, ni là-bas, ni plus loin.

Pas à droite ? Pas à gauche ?
Monsieur ? Madame ? Ici, pas là, pas là-bas ?
Ni à gauche ni à droite ni au fond ?
Je répète. Attention ! Attention !
Je répète : ni à droite ni au fond. Je vais adjuger…

Alors ? Alors ? c'est bien vu, bien entendu, j'adjuge ?
Allons, allons dépêchons-nous ! Monsieur, non ? Madame, non ?

Une fois, deux fois
Une fois deux fois trois fois, j'adjuge ? …

ADJUGÉ !

Jean Tardieu, *Œuvres posthumes du professeur Froeppel*. Gallimard.

Observez et relevez les indications de **lieu**.

Avez-vous assisté à une adjudication (une vente publique) ? Est-ce que ça se passe de la
même manière dans votre pays ?

Essayez de **mimer** les gestes du commissaire-priseur pendant qu'un de vos camarades lit
ce poème.

128-137

EXERCICE 1 **Des goûts et des couleurs...**

IDÉE !
IDÉE !
IDÉE !
IDÉE !

— Oh ! Elle est bien cette robe.
— Moi, j'aime mieux celle-ci, je la trouve plus élégante.

- celui-ci/celui-là
- celle-ci/celle-là
- celles-ci/ceux-là
- le/la/les

1. — Et ce chemisier ?
   — Moi, ...
   .... chic.

2. — Et ces chaussures blanches ?
   — Moi, ...
   .... classiques.

3. — Et ce foulard ?
   — ....
   ....original.

4. — Et ces gants blancs ?
   — Moi, ...
   ....jolis.

5. — Et cette jupe écossaise ?
   — ....
   .... originale.

128

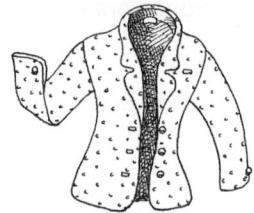

EXERCICE 2 **Devant une vitrine.**

Vous ne savez pas de quoi on vous parle ?
Alors demandez des précisions.

- lequel ?
- laquelle ?
- lesquels ?
- lesquelles ?
- celui-là ?
- celle-là ?
- ceux-là ?
- celles-là ?

1. — Moi, je n'aime pas ce chemisier.
   — .... ? .... ?
   — Mais non, le rouge !

2. — Cette jupe est ravissante !
   — .... ? .... ?
   — Mais non, la jaune !

3. — Ce chapeau est chic !

— .... ? .... ?

— Mais non, le petit, là !

4. — Ces chaussures sont jolies !

— .... ? .... ?

— Mais non, les noires !

5. — Ces gants me plaisent bien !

— .... ? .... ?

— Mais non, les blancs !

128-137

E X E R C I C E   3

a. Quelle est votre pointure ? Quelle taille faites-vous ?

La pointure des chaussures

35	
36	
37	Femmes
38	
39	

40	
41	
42	Hommes
43	
44	
45	

La taille des vêtements

36	
38	
40	Femmes
42	
44	
46	

40	
42	
44	Hommes
46	
patron	
grand patron	

Les tailles standard

S	M	L
(Small)	(Medium)	(Large)
petite taille	taille moyenne	grande taille

b. Vous désirez?

Quelques caractéristiques

pour les chaussures

- marque ? « Minelli », c'est une chaussure italienne
- chaussures à talons
- chaussures plates
- chaussures de ville
- chaussures sport
- mocassins
- baskets
- tennis

…

pour les vêtements

- marque ? Alain Figaret-Paris
- griffe ? Christian Dior
- chemise/chemisier
- à manches longues
- à manches courtes
- cintrée/droite
- col rond/col pointu/col Mao/col ouvert
- pantalon droit/pantalon fuseau
- pantalon à pinces

…

Vous voulez acheter des chaussures ou un vêtement.

Préparez votre dialogue avec la vendeuse en précisant le type, la marque, la forme, la taille, etc. que vous désirez.

c. Conseils d'entretien.

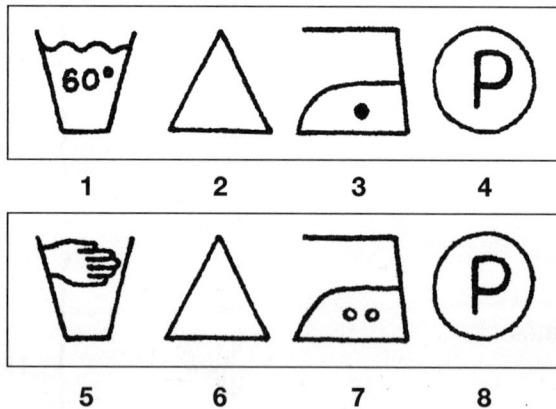

Trouvez le bon numéro.

- Lavez à 60 degrés [1]
- Ne pas faire bouillir [ ]
- Sans repassage [ ]
- Repasser à la vapeur [ ]
- Ne pas laver à la machine [ ]
- Laver à la main [ ]
- Nettoyage à sec [ ]

Pour quelle matière ?

- le cuir
- la laine
- la soie
- le coton
- le polyester
- 50 % laine/50 % acrylique

128

EXERCICE 4 Dans un magasin de chaussures.

Cherchez qui parle : la vendeuse ou la cliente et reconstituez le dialogue.

....

....

....

....

....

....

....

Je fais du trente-huit.
Je vais l'essayer.
Non, j'ai mal, elles sont trop petites.
Vous faites du combien ?
Elles vous vont bien ?
C'est du trente-sept.
C'est du combien ?
Dans ce modèle, je n'ai plus que cette paire.

128-137

EXERCICE 5 Dans un magasin de vêtements.

Retrouvez le dialogue.

Cliente : ....

Vendeuse : ....

Cliente : ....

Vendeuse : ....

Cliente : ....

Vendeuse : ....

Cliente : ....

Non, mais essayez le quarante-deux.
Vous avez du quarante dans ce modèle ?
Regardez, il est trop large !
Oui, mais il est trop petit pour moi.
Il est trop serré.
Alors, essayez le trente-huit !
Il est ravissant, n'est-ce pas ?

140-141-144

E X E R C I C E   6 **Une question culturelle.**

a. Trouvez les contraires.

| classique | habillé | sombre | gai |

| décontracté | clair | élégant | moderne |

| simple | triste |

Selon les circonstances on porte des vêtements	
A	**B**
1. classiques	1. modernes
2.	2.
3.	3.
4.	4.
5.	5.

b. Trop ou pas assez ou vice versa !
Trop classique veut dire «pas assez moderne».

Sur ce modèle, remplissez le tableau suivant en vous inspirant du tableau précédent.

1. trop classique	veut dire	**pas assez** moderne
2. pas assez clair	veut dire	**trop** triste
3. pas assez gai	veut dire	trop sombre
4. trop moderne	veut dire	pas assez classique
5. trop habillé	veut dire	pas assez décontracté
6. pas assez élégant	veut dire	trop simple

128-137

EXERCICE 7 **La critique est facile...**

— **Je trouve ces vêtements trop classiques.**
— **C'est vrai, ils ne sont pas assez modernes.**

1. — Ces couleurs ne sont pas assez claires.
   — C'est vrai, elles ....

2. — Pour un mariage, cette chemise est ....
   — C'est vrai, elle ....

3. — Ce costume n'est pas assez élégant !
   — C'est vrai, il fait ....

4. — Je trouve cette cravate ....
   — C'est vrai, elle ....

5. — Ce pantalon est ....
   — C'est vrai, ...

6. — Cette fille s'habille de façon ....
   — C'est vrai, elle ....

128-137

EXERCICE 8 **Conseils acidulés...**

— **Est-ce que cette robe me va bien ?**
— **Non, elle ne te va pas bien parce que tu es trop jeune.**

- me/te + aller bien
- trop/pas assez

1. — Est-ce que ce chemisier .... ?
   — Non, il .... parce qu'il n'est .... clair.

2. — Et ces chaussures à talons, elles .... ?
   — Non, elles .... parce qu'elles .... hautes.

3. — Est-ce que ce chapeau me va bien ?
   — Non, ... parce qu'il .... grand.

4. — Est-ce que ce pull .... ?
   — Non, il .... parce qu'il n'est .... large.

128

EXERCICE 9 **Sans complexes.**

Comparez-vous à Janon et à Octave.

Janon, 15 ans, 1 mètre 70, 50 kg. Assez jolie, très intelligente, très sportive, désire correspondre avec vous si affinités...

1. Moi, *Je suis* plus *cravant plus âgé*
vieux
qu'elle *vieille*
....
....
....
....

Octave, 12 ans, 1 mètre 58, 40 kg. Pas beau, pas intelligent, pas sportif mais très gentil et très drôle cherche ami (e).

2. Moi, *Je suis* moins *grande qu'elle*
que lui ....
50 Kg. Je suis plus gros que
Je suis mais maigre
.... aussi grosse qu'elle
....

3. Compare Octave à ton petit ami/à ta petite amie.
Octave est *12 ans, 1 mètre 58 40 Kg. Pas beau, pas intelligent*
pas sportif mais très gentil et très drôle cherche ami.
....

4. Compare Janon à ton ami (e).
Janon est *15 ans, 1 mètre 70, 50 KG assez jolie, très intelligente*
très sportif sportive, désire correspondre correspondre avec
vous si affinités

5. Est-ce que tu as envie de rencontrer Janon ? Pourquoi ?
Parce-que Janon est jolie, très intelligente, très sportive etc
....

6. Est-ce que tu as envie de rencontrer Octave ? Pourquoi ?
Il est très gentil et très drôle.
....

92

137-138

EXERCICE 10   **Prise de position.**

Wrong
Vous avez tort, cela coûte moins cher qu'en France.

■ **vous avez raison**
■ **vous avez tort**

Prenez position mais expliquez pourquoi vous prenez cette position.

1. Les vêtements à la mode coûtent plus cher en Allemagne.

....

2. Les plus belles chaussures viennent de Suède.

....

3. Les jeunes Français ne sont pas assez élégants.

....

4. Les femmes aiment mieux les hommes aux yeux bleus.

....

5. Les garçons sont moins beaux que les filles.

....

6. La mode jeune n'est pas assez originale.

....

137-138

EXERCICE 11   **Réponses laconiques qui en disent long...**

Pour donner votre point de vue, vous pouvez être bref !

1. Vous trouvez les jeans élégants ?

....

2. Vous êtes très classique ?

....

3. Vous trouvez la mode ridicule ?

....

4. Comment trouvez-vous la mode actuelle ? bien ?

....

5. Vous êtes aussi élégant (s) que votre meilleur ami ?

....

6. Vous êtes le plus beau/la plus belle ?

....

- *pas tout à fait !*
- *pas du tout !*
- *pas toujours !*
- *pas mal !*
- *pas trop !*
- *parfois !*
- *souvent !*
- *presque toujours !*

VOUS TROUVEZ LA MODE RIDICULE ?

142-143

EXERCICE 12 À la mode de chez nous.

Complétez les phrases suivantes.

1. Elles portent toujours des vêtements ....

2. Elles s'habillent ....

3. Elles choisissent toujours ....

4. Elles suivent ....

5. Elles ont un style ....

6. Elles ont un look ....

7. Elles sont ....

8. Elles travaillent pour un journal ....

9. Le goût, c'est toujours une question ....

• *mode*
• *à la mode*
• *de mode*
• *la mode*

142

EXERCICE 13 Une femme élégante s'exprime élégamment.

Trouvez dans la liste proposée une autre manière de dire.

1. J'**aime beaucoup** les matières douces : soie, cachemire, etc.

   ....

2. J'**adore** mon travail.

   ....

3. Je **n'aime pas trop** les soirées trop habillées.

   ....

4. J'**aime bien** m'habiller.

   ....

5. Je **fais très attention** à mon look.

   ....

6. **Pour moi**, les chaussures sont **très importantes**.

   ....

7. **Je veux** plaire.

   ....

8. J'**aime beaucoup** la mode féminine.

   ....

• *Je ne suis pas passionnée par...*
• *J'ai envie de ...*
• *Je suis très sensible à...*
• *Je suis très intéressée par...*
• *Je me passionne pour...*
• *Je m'habille pour mon plaisir*
• *Je soigne mon image*
• *J'attache beaucoup d'importance à...*

128

EXERCICE 14 **Emploi des pronoms objets.**

1. — Tu aimes ce blouson ?

— Je .... bien, mais je .... trouve trop grand.

— Mais, c'est la mode.

— Moi, je n'aime pas être comme tout le monde !

■ le
■ la
■ les
■ en

2. — Vous aimez ces chaussures ? Elles vous plaisent ?

— Elles me plaisent assez : je .... trouve un peu trop petites.

— Prenez une pointure au-dessus.

— Oui, ça va mieux : je peux marcher ?

— Oui, bien sûr.

— Bon, ça va, je .... prends.

3. — Pardon, madame, je peux essayer cette robe ?

— Oui, essayez- .... , mais n'enlevez pas l'étiquette.

4. — Regarde, cette veste en velours est magnifique !

— Prends- ....

— Non, je ne peux pas .... prendre : elle est trop chère !

5. — Bonjour, mademoiselle. Montrez-moi ce sac, là, à gauche.

Oui, c'est cela, celui en cuir noir.

— Voilà, je vous ...... montre, mais je ne peux pas vous .... vendre : il est déjà vendu.

— Alors, montrez-moi l'autre à côté, celui en cuir beige.

— Merci. Combien il coûte ?

— 2 500 F.

— Bon, je .... prends.

6. — Je voudrais des bas en soie.

— Vous .... voulez de quelle couleur ?

— Blancs, c'est pour jouer dans une pièce de théâtre.

— Ah ! j' .... ai des noirs, des beiges. Désolée, je n' .... ai pas en blanc !

— C'est incroyable ! Où est-ce que je peux .... trouver ?

— Allez dans une boutique spécialisée, rue de Rennes il y ...... a une : elle est très bien.

— Merci, au revoir, madame.

138

EXERCICE 15

Imaginez que vous entrez dans un magasin de vêtements. Avec un camarade de votre classe, jouez au jeu du client et de la vendeuse.

Faites le dialogue (au moins six répliques) et présentez-le à la classe.

Définissez bien le caractère du client/cliente avant de commencer à imaginer la scène.

(Choix de vêtements : costume, pantalon, robe, manteau, tailleur, ensemble…)

EXERCICE 16 **Trouvez l'objet.**

C'est nécessaire pour voyager à l'étranger : c'est un passeport ou une carte d'identité ou un billet d'avion.

1. C'est indispensable pour parler à des amis absents, c'est ....

2. C'est utile pour téléphoner, c'est ....

3. On en a besoin pour poster une lettre, c'est ....

4. On ne peut écrire sans, c'est ....

5. C'est chaud, c'est doux, c'est un animal, c'est ....

6. C'est indispensable pour trouver le sens des mots, c'est ....

7. Ce n'est pas indispensable pour apprendre une langue étrangère, c'est ....

8. C'est quelquefois interdit dans un lieu public, ce n'est pas bon pour la santé, c'est ....

....

Faites deviner l'objet.

En utilisant les formulations de l'exercice ci-dessus, définissez des objets que vous ferez deviner à vos camarades.

C'est nécessaire pour... ; c'est indispensable pour... ; c'est utile...

Trouvez le nom équivalent à la définition.

Il n'est pas marié, il est célibataire.

1. Elle travaille dans une banque, elle est ....

2. J'enseigne le français aux étrangers, ...

3. Il fait du pain, ...

4. Il s'appelle Yves Saint Laurent, ...

5. Il travaille dans une usine, ...

6. Il s'appelle Yves Montand, ...

7. Elle soigne les malades, ...

8. Il fait des photos pour un journal de mode, ...

Regarder le son. Ecouter l'image. Vous en rêviez ? SONY l'a fait. C'est le téléviseur Trinitron à son tridimensionnel associé à un lecteur de laserdisc SONY. Pour vous offrir le meilleur des disques laser vidéo et audio, le Trinitron intègre une technologie de pointe. Avec une fonction digitale de réduction bruit-image, l'image est d'une netteté iné- galée. Son tridimensionnel, 5 haut-parleurs, enceintes détachables, effet spatial, le son est parfait. Prêt pour les réceptions et connexions du futur, le Trinitron vous offre déjà un regard d'avance. Et pourtant vous n'avez encore rien vu, rien entendu. Avec le laserdisc vous découvrez un nouveau concept, vous êtes transporté dans la dimension laser, c'est l'image dans toute sa beauté, le son dans toute sa pureté. Votre long métrage préféré, un opéra grandiose, le dernier clip à la mode ou le concert de l'an- née, le laserdisc SONY vous permet de lire tous les formats de disques. Au standard PAL/NTSC, il vous fait voyager à travers le monde. Regardez... une définition horizon- tale de 440 lignes, c'est l'image à dimen- sion laser. Ecoutez, c'est le son à grand spectacle. Téléviseur Trinitron et laserdisc, entrez dans un monde audiovisuel toujours plus étonnant. SONY en est le créateur.

J'en ai rêvé, Sony l'a fait.

SONY
Le créateur

En lisant la publicité, recherchez les informations suivantes :

1. Tous les mots qui donnent au son une qualité visuelle :
   ....

2. Les qualités attribuées à l'image (adjectifs, nom + un verbe) :
   ....

3. Tout ce qui fait allusion à l'avenir :
   ....

4. Les types de spectacles mentionnés :
   ....

5. Les principales caractéristiques techniques du téléviseur :
   ....

97

146

EXERCICE 1 Le conditionnel de politesse.

1. Entre amis
— Est-ce que ....*Vous seriez* *(tu serais libre)*...... samedi soir ?
— Ah non, samedi soir, je ne suis pas libre.
— C'est dommage, je donne une petite fête chez moi.

- être libre
- avoir l'heure
- savoir
- avoir
- vouloir/prendre
- pouvoir

2. À la gare
— ....*Vous auriez l'heure*......s'il vous plaît ?
— Oui, il est exactement 10 h 35.
— Merci.

3. Dans la rue.
— ....*Vous pourriez savoir (Vous sauriez)*......où se trouve le cinéma Rex ?
— Alors, il se trouve au bout de la rue, à droite.
— Merci bien.

4. Devant une machine à café.
— Pardon, ...*vous auriez*........... la monnaie de 10 F ?
— Attendez, je regarde. Ah non, je suis désolée.
— Ça ne fait rien, merci.

5. À la maison.
— ....*Vous voudriez (Vous prendriez)*..... un thé ?
— Non merci, je viens de prendre un jus d'orange.

6. À la poste.
— Est-ce que ....*vous pourriez*..... me prêter un stylo, s'il vous plaît ?
— Tenez.
— Merci.

146

E X E R C I C E   2   **Pour proposer quelque chose à quelqu'un.**

- Et si + imparfait
- On pourrait peut-être...

Proposez à vos amis d'aller au cinéma :

Si on allait au cinéma ?
On pourrait peut-être aller au cinéma ?

1. Proposez à vos parents d'**aller** au restaurant.

....

2. Proposez à votre ami de **rentrer** à la maison.

....

3. Proposez à vos amis de **partir** en vacances.

....

4. Proposez à vos amis de **prendre** l'avion.

....

5. Proposez à vos amis de **faire** une fête.

....

6. Proposez à un ami de **jouer** aux échecs.

....

7. Proposez à vos amis de **venir** chez vous.

....

8. Proposez à un ami de **faire** du tennis.

....

146

E X E R C I C E   3   **Pour dire à quelqu'un ce que vous voulez faire.**

- Le cond^l + bien

Je **mangerais bien** une pomme !

1. Aller au cinéma.

   J' ....

2. Prendre un thé.

   ....

3. Regarder la télévision.

   ....

4. Rester à la maison.

   ....

EXERCICE 7 **Place des pronoms personnels.**

1. Voulez-vous voir le dernier film de Godard ?

■ voir
■ revoir

Pierre : — Non, moi je .... !

Carmen : — Oui, je veux bien ....

Éric : — Non, je n'aime pas Godard, je ne veux pas ....

Simon : — Moi, j'ai très envie de ....

Cécile : — J'aimerais bien ....

Josiane : — Je n'ai pas envie de ....

Jacky : — Je ...., pourquoi pas ?

Ils ne sont pas allés voir le dernier Godard, mais ils sont allés voir une reprise d'un film d'Eisenstein : *Yvan le Terrible*.

Vous voulez voir *La Cantatrice chauve* de Ionesco ? Refaites le dialogue.

2. Votre emploi du temps libre ressemble-t-il à celui des Français ?

Cette année, combien de livres avez-vous empruntés dans une bibliothèque ?

....

Avez-vous visité un musée ?

....

Combien de fois êtes-vous allé au cinéma ?

....

Avez-vous vu une pièce de théâtre ou plusieurs ?

....

Avez-vous visité des monuments historiques ?

....

Combien de spectacles de music-hall avez-vous vus ?

....

3. Si on invitait les élèves/étudiants de la classe d'à côté ?

■ rencontrer
■ connaître

Pierre : — Non, je ....

Carmen : — Oui, je veux bien ....

Éric : — Non, je ne vois pas l'intérêt de ....

Simon : — Moi, j'ai très envie de ....

Cécile : — J'aimerais bien ...., d'accord.

Josiane : — Je n'ai pas envie de ....

Jacky : — Je ne ...., avec plaisir.

POUR TOI MON AMOUR

Je suis allé au marché aux oiseaux
Et j'ai acheté des oiseaux
Pour toi
mon amour
Je suis allé au marché aux fleurs
Et j'ai acheté des fleurs
Pour toi
mon amour
Je suis allé au marché à la ferraille
Et j'ai acheté des chaînes
Pour toi
mon amour
Et puis je suis allé au marché aux esclaves
Et je t'ai cherchée
Mais je ne t'ai pas trouvée
mon amour.

Jacques Prévert, *Paroles.* Gallimard.

À quel **temps** les verbes sont conjugués ?

Prouvez que celui qui parle («je») est un homme.

Montrez qu'il parle à une femme.

En petits groupes, discutez des **symboles** «oiseaux» et «fleurs», mais aussi «chaînes» et «esclaves».

Comment interprétez-vous ce poème ?

Essayez d'écrire un poème sur le thème de l'amour.

166

EXERCICE 1

J'ai regardé la télé parce qu'il y avait un bon film.

Faites des phrases sur le même modèle.

HIER ...

1. boire du vin / être excellent

   ....

2. ne pas sortir / avoir beaucoup de travail

   ....

3. ne pas dormir / faire trop chaud

   ....

4. ne pas voir Pierre / être en Allemagne

   ....

5. voir ce film / (les acteurs) être merveilleux

   ....

6. habiter Paris / avoir un poste de lecteur d'anglais

   ....

7. écrire à Cécile / (son téléphone) être en panne

   ....

8. aller au cinéma / pleuvoir

   ....

9. rester chez moi / recevoir mes vieux parents

   ....

10. ne pas pouvoir lire / (les enfants) faire trop de bruit

    ....

166

EXERCICE 2

Il n'a pas passé une bonne soirée : il n'aimait pas l'ambiance !
Elle aimait l'ambiance du restaurant : elle a passé une bonne soirée.

Relisez la situation 3 et dites pourquoi.

Elle a aimé cette soirée parce que ....

....

Il ne l'a pas beaucoup aimée ....

....

182

EXERCICE 3

En rapport avec le document sonore : *Brigitte est allée à Florence.*

Réécoutez bien le document sonore. Répondez aux questions.

Question 1 :

— Qu'est-ce que Brigitte a fait hier soir ?

— ....

Question 2 :

— Comment était Brigitte après son cours de danse ?

— ....

Question 3 :

— Où Brigitte est-elle allée ? Combien de jours y a-t-elle passé ?

— ....

Question 4 :

— Brigitte a-t-elle rencontré des amis là-bas ?

— ....

Question 5 :

— Est-ce que Brigitte reverra un de ces amis ?

— ....

EXERCICE 4

Dites vos goûts, vos préférences.

J'aime bien le tennis, mais un match de football
me passionne.

Ce sport :

1. — Quel est le sport qui te passionne le plus ?

   — ....

* *m'ennuie*
* *m'endort*
* *me passionne*
* *me plaît beaucoup*
* *m'amuse*
* *m'intéresse*
* *m'étonne*

2. — Et celui qui te plaît le moins ?

   — ....

3. — Dis-moi quel sport tu pratiques / tu fais.

   — ....

4. — Qu'est-ce que tu préfères : jouer au tennis ou regarder le

   tournoi de Roland-Garros à la télévision ?

   — ....

5. — Les courses, ça t'intéresse ?

   — ....

6. — Vous vous intéressez au Tour de France ?

   — ....

7. — Savez-vous qui a gagné le Tour de France en 1990 ?

   — ....

8. — Vous aimez regarder la course de voiliers à la télévision ?

   — ....

Delphine, l'aînée, et Marinette, la plus blonde jouaient dans la cuisine à pigeon vole, à la poupée et à loup-y-es-tu.

— « Toujours jouer, grommelaient les parents, toujours s'amuser. Des grandes filles comme ça. Vous verrez que quand elles auront dix ans, elles joueront encore… »

C'est comme celui-là. Il n'en fait pas lourd non plus dans une journée. Il ne manque pourtant pas de souris qui trottent de la cave au grenier. Mais Monsieur aime mieux se laisser nourrir à ne rien faire. C'est moins fatigant.

— « Vous trouvez toujours à redire à tout, répondait le chat. La journée est faite pour dormir et pour se distraire. La nuit, quand je galope à travers le grenier, vous n'êtes pas derrière moi pour me faire des compliments. »

— « C'est bon, tu as toujours raison, quoi. »

Marcel Aymé, extrait des *Contes du chat perché*. Gallimard.

Écrivez un petit conte où vous imaginerez des personnages qui parlent avec des animaux.

EXERCICE 1 **Discours indirect.**

Qu'est-ce que tu veux ?
Dis-moi ce que tu veux.

Qu'est-ce qui se passe ?
Dites-moi ce qui se passe.

1. Qu'est-ce que vous voulez ?

   Dites-moi ....

2. Qu'est-ce qu'il y a ?

   Dis-moi ....

3. Qu'est-ce qui s'est passé hier, tu n'es pas venu au rendez-vous ?

   Dis-moi ....

4. Qu'est-ce que vous voulez prendre ?

   Dites-moi ....

5. Qu'est-ce qui est arrivé à ton père ?

   Dis-moi ....

6. Qu'est-ce qui vous a plu dans ce film ?

   Dites-moi ....

7. Qu'est-ce que tu lui as dit ?

   Dis-moi ....

8. Qu'est-ce que vous avez fait ce week-end ?

   Dites-moi ....

9. Qu'est-ce qu'il a acheté comme voiture ?

   Dis-moi ....

10. Qu'est-ce que vos enfants ont fait pendant les vacances ?

    Dis-moi ....

189-190

EXERCICE 2 **Qui, Que, Où ?**

1. Jean-Paul Sartre a écrit une pièce de théâtre ...... s'appelle *Huis Clos*. C'est une œuvre ...... a été jouée en 1945. Elle a connu un grand succès. En 1990, la Comédie-Française l'a inscrite à son programme. Le public parisien, ... est difficile, l'a encore appréciée.

2. Le *Don Quichotte* de Cervantès est une œuvre ...... tout le monde connaît même si tous ne l'ont pas lue. Le personnage de Don Quichotte ...... est toujours accompagné de Sancho Panza a été éternisé par les dessins de Picasso.

3. « L'État, c'est moi » est une phrase ...... est attribuée à Louis XIV. Sous le règne de Louis XIV, la France était un pays ...... les inégalités sociales étaient très fortes. En particulier, les paysans étaient très pauvres parce qu'ils avaient beaucoup d'impôts et de taxes à payer.

4. *L'Étranger* d'Albert Camus est ce roman ...... Meursault, écrasé par la chaleur, tue un homme ...... il ne connaît même pas. La vie de Meursault est celle d'un homme ...... vit dans une sorte de torpeur, d'étrange indifférence.

5. *Hamlet* est ce personnage de Shakespeare ...... prononce cette phrase devenue célèbre : *être ou ne pas être ? Telle est la question.*

6. « Et pourtant elle tourne ». Cette phrase, ... Galilée a dite, a suffi à le faire condamner à une époque ...... l'Inquisition était toute puissante.

EXERCICE 3 **Mettez en rapport un sentiment et une situation.**

Quel sentiment éprouvez-vous dans les situations suivantes ?
J'éprouve de l'inquiétude ou je suis inquiet.

Situations

1. Vous attendez quelqu'un avec qui vous avez rendez-vous.

   J'éprouve ....

   Je suis ....

2. Vous attendez quelqu'un qui est parti faire de l'alpinisme.

   J'éprouve ....

   Je suis ....

3. Votre meilleur ami (e) épouse votre ex-fiancé (e).

J'éprouve ....

Je suis ....

4. Vous écoutez *l'Adagio* d'Albinoni.

   J'éprouve ....

   Je suis ....

5. Vous écoutez *l'Hymne à la joie* de Beethoven.

   J'éprouve ....

   Je suis ....

6. Vous rencontrez un skieur en costume de ville.

J'éprouve ....

Je suis ....

7. Quelqu'un vous fait un compliment.

J'éprouve ....

Je suis ....

8. Quelqu'un vous regarde fixement dans l'autobus.

J'éprouve ....

Je suis ....

9. Quelqu'un vous sourit.

J'éprouve ....

Je suis ....

10. Vous êtes allongé (e) au soleil sur la plage.

J'éprouve ....

Je suis ....

11. Vous êtes dans le TGV à 360 km à l'heure.

J'éprouve ....

Je suis ....

12. Il n'y a plus de place au théâtre ce soir.

J'éprouve ....

Je suis ....

13. Vous descendez une piste de ski.

J'éprouve ....

Je suis ....

14. Vous faites la vaisselle.

J'éprouve ....

Je suis ....

15. Le téléphone est toujours occupé.

J'éprouve ....

Je suis ....

16. Vous regardez de jeunes enfants qui jouent.

J'éprouve ....

Je suis ....

17. Vous n'arrivez pas à vous endormir.

J'éprouve ....

Je suis ....

Pour exprimer vos sentiments, vous pouvez utiliser un nom ou un adjectif :

inquiétude (f.) – inquiet (e)

ennui (m.) – ennuyé (e)

étonnement (m.) – étonné (e)

fureur (f.) – furieux (se)

énervement (m.) – énervé (e)

gêne (f.) – gêné (e)

bonheur (m.) – heureux (se)

joie (f.) – joyeux (se)

gaieté (f.) – gai (e)

déception (f.) – déçu (e)

amusement (m.) – amusé (e)

soulagement (m.) – soulagé (e)

jalousie (f.) – jaloux (se)

tristesse (f.) – triste

Vous pouvez utiliser seulement un nom ou une locution verbale :

plaisir (m.)

bien-être (m.) – être bien

peur (f.) – avoir peur

malaise (m.) – être mal à l'aise

Vous pouvez utiliser seulement un adjectif :

malheureux (se)

ravi (e)

enchanté (e)

201

EXERCICE 4

En rapport avec le document sonore de compréhension: *Les Français et leur forme physique*.

Répondez aux questions en employant des pronoms.

Questions sur Linda :

— Est-ce que Linda va au restaurant ?

— ....

— Mange-t-elle des plats en sauce ?

— ....

— Pratique-t-elle des sports d'équipe ?

— ....

— Fait-elle de la danse ?

— ....

Questions sur Christian :

— Est-ce que Christian fait du sport ?

— ....

— Christian suit-il un régime ?

— ....

— Combien de sports pratique-t-il ?

— ....

— Christian aime-t-il la bonne cuisine ?

— ....

Question générale :

— Les Français font-ils tous du sport ?

— ....

L'ordinateur à l'école ? Une plaisanterie.

« L'avenir, dit-on, n'appartiendrait qu'à ceux qui savent utiliser l'ordinateur. Quelle plaisanterie ! Cela me rappelle la vogue ancienne des encyclopédies. «Si vous l'achetez, expliquait le vendeur, votre enfant aura de bonnes notes et réussira dans la vie.» Après est venue la mode de la télévision, cet autre instrument «éducatif». Grâce à elle les gamins ne faisaient plus de bruit. On a conclu qu'elle apprenait à bien se conduire. Enfin, avec l'apparition des jeux vidéo, on a cru que les enfants développeraient leur créativité. Dans les deux cas, l'enfant vit dans un monde abstrait où les actions se valent puisqu'elles n'ont aucune conséquence.

« Quant à l'ordinateur proprement dit, je crois qu'il réduit la créativité des enfants. Car c'est lui qui les programme et non l'inverse. Il leur dit de faire ceci ou cela. On dit qu'il permet de renforcer chez l'enfant l'aptitude à résoudre les problèmes. Ce n'est pas vrai. Une expérience a eu lieu récemment. Un groupe d'enfants a appris la géométrie sur ordinateur. L'autre sans. Six mois après, on a testé les uns et les autres en leur demandant, entre autres, de construire un angle droit avec un compas. Les enfants-ordinateurs n'en ont pas été capables.

« Les statisticiens établissent très vite des relations de cause à effet : en ce moment on installe les gosses de riches devant les ordinateurs. Quand on verra qu'ils réussissent mieux que les autres, on dira que c'est grâce à l'ordinateur. Eh bien, non. Ce sera grâce à l'argent. Ils avaient, dès le départ, tous les avantages. Si l'on veut réduire les inégalités, la solution n'est pas de donner des ordinateurs aux pauvres, mais davantage de bourses.

« En réalité, nous pourrons très bien utiliser les ordinateurs sans comprendre leur fonctionnement. Savez-vous comment fonctionne un téléphone ou un réfrigérateur ? Et pourtant vous vous en servez tout le temps. Demain, quand on utilisera l'ordinateur ou la machine à traitement de textes, on ne saura pas comment ça marche. Il suffira d'appuyer sur un bouton.

« On fait une erreur en cherchant à mettre les ordinateurs entre les mains de tous. S'il y a un problème, on envoie des ordinateurs. Le tiers-monde a faim. Donc il faut l'informatiser. L'école est en crise. Donc on y met des ordinateurs. Cela amuse les enfants un moment, mais cela ne résout rien. »

Interview du Pr Weizenbaum, *Nouvel Observateur*, 2 décembre 1983

1. Compréhension du texte

Pouvez-vous répondre aux questions suivantes en donnant le point de vue de l'auteur.

Exemple :

— **L'auteur pense qu'on peut très bien vivre sans utiliser l'ordinateur.**

— À quoi est comparée la mode de l'ordinateur ?

....

— Est-ce que la télévision est un instrument éducatif ?

....

— Quel est le principal inconvénient du jeu vidéo ?

....

— Est-ce qu'il apprend à mieux résoudre les problèmes ?

....

— Est-ce que l'ordinateur augmente la créativité des enfants ?

....

— Quel exemple donne l'auteur ?

....

— D'après lui, pourquoi les enfants des riches réussissent-ils mieux que les autres ?

....

— Est-ce qu'on utilisera les ordinateurs à l'avenir ?

....

— Comment ?

....

— Quelle est la solution aux problèmes d'inégalité ?

....

2. Questions personnelles

— Cette interview a été donnée en 1983. Pensez-vous que les arguments de l'auteur sont toujours vrais ?

....

— En 1990, l'école française est en crise. Est-ce que cela prouve que Weizenbaum avait raison ?

....

— D'après votre expérience, avez-vous appris quelque chose grâce à l'ordinateur ? Quoi ?

....

3. Questions sur le lexique

Relisez le texte et trouvez un synonyme aux mots suivants :

le futur : *l'avenir*

la mode : *la vogue*

les enfants : *gamins*

trouver la solution d'un problème : *résoudre*

la capacité (à faire quelque chose) : *l'aptitude*

la conséquence : *de cause à l'effet*

à cause de : *grâce à (+) à cause de (−)*

se tromper : *faire une erreur*

un moyen d'éduquer : ....

la possibilité d'inventer : *la créativité*

plus (de moyens) : *davantage*

sans cesse : *tout le temps*

marcher (un instrument) : *fonctionner*

204

Avez-vous le sens de l'observation ou une bonne mémoire ?

Répondez aux questions en employant les pronoms.

1. — Je ne trouve plus mes clés, tu sais où elles sont ?

   — Mais non, je ne .... (voir) non plus.

2. — Où est mon écharpe ?

   — Mais je ne .... (prendre).

3. — Vous avez entendu ces cris dans la rue, qu'est-ce que c'est ?

   — Non, je ne .... (entendre).

4. — Cécile a oublié ses cassettes, téléphone-lui.

   — Oui, je vais .... (téléphoner) pour lui dire qu'elle

   .... (oublier chez moi).

5. — As-tu écrit à tes parents pour les inviter ?

   — Oui, je .... (écrire) hier.

6. — Vous avez bu toutes les bouteilles de vin, à la fête hier ?

   — Non, nous .... (boire) (ne que) trois !

7. — As-tu invité les Dumas et les Leconte pour l'anniversaire de Cécile ?

   — Non, je .... (inviter) parce qu'ils ne nous ont pas invités pour l'anniversaire de leur fils.

204

EXERCICE 2 **Expressions du temps par rapport au moment présent.**

1. Vous étudiez le français depuis quand ?

....

2. Depuis combien de temps êtes-vous en France ?

....

3. Vous ne travaillez plus, vous êtes à la retraite : depuis combien de temps ?

....

4. Vous savez faire du ski maintenant : depuis combien de temps ?

....

5. Il y a longtemps que vous vous connaissez ?

....

6. Tu arrives seulement maintenant : nous avions rendez-vous à 14 h !

.... une demi-heure que je t'attends !

7. Je ne comprends pas ; je n'ai pas de nouvelles de mes parents ....

mois .... je n'ai pas de nouvelles. Je suis inquiète.

8. Depuis combien de temps étudiez-vous la médecine ?

....

EXERCICE 3 **Savez-vous exprimer votre étonnement ?**

Je ne savais pas que vous étiez architecte !

Que diriez-vous dans les situations suivantes ?

1. Vous arrivez en retard à un rendez-vous. Vous donnez une excuse :

   ....

2. Vous êtes étonné de l'âge de cet acteur !

   ....

3. Vous êtes surpris d'apprendre que votre voisin est médecin comme vous !

   ....

4. Vous découvrez que votre camarade a passé son enfance dans la même ville que vous !

   ....

5. Vous découvrez que vous allez en vacances dans la même région que votre camarade.

   ....

6. Vous venez de lire dans le journal qu'un de vos amis se marie.

   ....

7. Vous êtes étonné de voir la sœur de votre meilleur ami jouer dans un film à la télévision !

   ....

204

EXERCICE 4 **Discours indirect au passé.**

Elle m'a dit qu'elle y allait.

1. Étienne m'a dit : je suis enchanté de ce voyage.

   ....

2. Paul nous a dit : Henri était très fatigué.

   ....

3. Philippe a fait remarquer : c'est toujours les mêmes qui jouent !

   ....

4. Rémi lui a dit : tu es jaloux.

   ....

5. Tous ont dit : nous pensons à toi.

   ....

BARBARA

Rappelle-toi Barbara
Il pleuvait sans cesse sur Brest ce jour-là
Et tu marchais souriante
Épanouie ravie ruisselante
Sous la pluie
Rappelle-toi Barbara
Il pleuvait sans cesse sur Brest
Et je t'ai croisée rue de Siam
Tu souriais
Et moi je souriais de même
Rappelle-toi Barbara
Toi que je ne connaissais pas
Toi qui ne me connaissais pas
Rappelle-toi
Rappelle-toi quand même ce jour-là
N'oublie pas
Un homme sous le porche s'abritait
Et il a crié ton nom
Barbara
Et tu as couru vers lui sous la pluie
Ruisselante ravie épanouie
Et tu t'es jetée dans ses bras
Rappelle-toi cela Barbara
Et ne m'en veux pas si je te tutoie
Je dis tu à tous ceux que j'aime
Même si je ne les ai vus qu'une seule fois
Je dis tu à tous ceux qui s'aiment
Même si je ne les connais pas
Rappelle-toi Barbara

N'oublie pas
Cette pluie sage et heureuse
Sur ton visage heureux
Sur cette ville heureuse
Sur ton visage heureux
Sur cette ville heureuse
Cette pluie sur la mer
Sur l'arsenal
Sur le bateau d'Ouessant
Oh Barbara
Quelle connerie la guerre
Qu'es-tu devenue maintenant
Sous cette pluie de fer
De feu d'acier de sang
Et celui qui te serrait dans ses bras
Amoureusement
Est-il mort disparu ou bien encore vivant
Oh Barbara
Il pleut sans cesse sur Brest
Comme il pleuvait avant
Mais ce n'est plus pareil et tout est abîmé
C'est une pluie de deuil terrible et désolée
Ce n'est même plus l'orage
De fer d'acier de sang
Tout simplement des nuages
Qui crèvent comme des chiens
Des chiens qui disparaissent
Au fil de l'eau sur Brest
Et vont pourrir au loin
Au loin très loin de Brest
Dont il ne reste rien.

Jacques Prévert, *Paroles*. Gallimard.

Vous êtes cameraman.

Quels sont les **verbes** qui vont créer le décor ? Quels sont ceux sur lesquels vous allez faire des **gros plans** (focalisation) ?

Décor	Gros plans
....	....
....	....
....	....
....	....

Racontez (à l'oral ou à l'écrit) une rencontre que vous n'oublierez jamais. Dites les **circonstances** et les différents **événements** de cette rencontre inoubliable.

Que pensez-vous de la règle du «tutoiement» qu'invente le poète ? Quelle serait alors la règle du «vouvoiement» ?

Sa clarté m'a sorti de l'ombre

«Des heures qu'il attendait, et rien n'arrivait. Ou plutôt si : des ... aussi obscures qu'illisibles. Lui, c'était mon président, et il enrageait. Heureusement mon nouveau ... a débloqué la situation. Il rend une qualité parfaite, une image fidèle et précise, aussi bien en émission qu'en réception quel que soit le ... distant. 12 secondes plus tard, mon président avait la ... entre les mains. Enfin tout était clair.
Résultat, je suis sorti de l'ombre. ..., sa clarté, c'est ma force, ma Business Force.

1. Avez-vous deviné l'objet ?

2. Expliquez la phrase : «Résultat, je suis sorti de l'ombre.» Ecrivez une ou deux phrases pour donner le sens exact de cette image.

....

....

3. Faites un court récit sur le modèle de la publicité en changeant la personne et l'objet.

Par exemple : la personne (ma femme).
L'objet qu'on attend : un coup de téléphone, un cadeau. «Des mois qu'elle attendait et rien n'arrivait..., etc.»

CORRIGÉS

UNITÉ 1

1
1. un – 2. un – 3. la – 4. un-une-un – 5. le – 6. la – 7. la-l' – 8. la-la-la – 9. l'-l' – 10. le-l'-le-l'.

2
1. ☑ 2. ☐ 3. ☐ 4. ☐ 5. ☑ 6. ☑ 7. ☐ 8. ☑ 9. ☑ 10. ☑
☐ ☐ ☑ ☑ ☑ ☐ ☐ ☐ ☑ ☐ ☐
☑ ☐ ☐ ☐ ☐ ☐ ☑ ☐ ☐

3
en/travaille – en/ne travaille pas – à la/à la – suis.

4
1. Qui est-ce ? – 2. Qu'est-ce que c'est – 3. Qu'est-ce qui se passe ? 4. Qui est-ce ? – 5. Qu'est-ce qui se passe ?

5
1. Comment vas-tu ?/Ça va ?/Tu vas bien ? – 2. Comment allez-vous ?/Vous allez bien ? – 3. Tu vas bien ?/Ça va ?/Comment vas-tu ? – 4. Ça va ?/Tu vas bien ?

6
1. Qui est à l'appareil ?/Qui est-ce ? – 2. Qui c'est ?/Est-ce que c'est Pierre ? – 3. Je suis désolé(e), c'est une erreur/je crois que vous faites erreur. – 4. Un instant, je l'appelle/ne quittez pas. – 5. Ne quitte pas.

7
1. Qui demandez-vous ? – 2. Est-ce que Rémi est bien là ? Je peux laisser un message ? – 3. De la part de qui ? – 4. Qui demandez-vous ? – 5. Est-ce que Rémi est là ?

8
1. Qui est-ce ? – 2. Qui c'est ? – 3. Salut ! – 4. Bonjour. – 5. Je suis avec un ami. – 6. Je suis avec un copain. – 7. Où joues-tu de la guitare ? – 8. Où tu joues de la guitare ?

9
Cette personne travaille dans une école, c'est un professeur/c'est une directrice. – Cette personne va à l'école, c'est un écolier/c'est une écolière. – Cette personne habite à Paris, c'est un Parisien/une Parisienne. – Cet objet se trouve dans une boulangerie, c'est un pain/c'est une baguette. – Cette personne travaille dans un avion, c'est un pilote/c'est une hôtesse de l'air. – Cet objet vole dans le ciel, c'est un avion/c'est une colombe. – Cette personne se trouve dans une piscine, c'est un maître-nageur, c'est une nageuse. – Cet objet se trouve dans un bureau de tabac, c'est un timbre, c'est une cigarette. – Cet animal boit du lait, c'est un chat/c'est une chatte. – Cette personne chante à l'opéra, c'est un chanteur/c'est une chanteuse. – Cette personne ne dit pas la vérité, c'est un menteur/c'est une menteuse. – Cet animal garde la maison, c'est un chien/c'est une chienne. – Cette personne écrit dans un journal, c'est un journaliste/c'est une journaliste. – Cette personne écrit des livres, c'est un écrivain/c'est une historienne. – Cet objet ouvre les portes, c'est un passe-partout/c'est une clé. – Cette personne croit au Père Noël, c'est un enfant/ c'est une enfant.

UNITÉ 2

1
1. elle est/elle – 2. il est/c'est – 3. il/ils – 4. il n'est pas/il est/elle est/elle n'est pas/elle est/ils/ils habitent/ils sont.

2
1. c'est un/il est – 2. c'est une/elle est – 3. c'est un/il est – 4. il est/c'est un – 5. c'est un/il est – 6. il est/c'est un – 7. c'est une/elle est – 8. c'est un/il est.

3
au Brésil – en France – en Espagne – au Portugal – en Albanie.

4
chez/à/en – habite chez/en/en – sont à/au – il est chez/en.

5
1. Je m'appelle… – 2. J'ai… ans. – 3. Elle s'appelle… – 4. Elle n'est pas… /elle est… – 5. Il est… – 6. Oui, j'aime bien /Non, ne n'aime pas Michael Jackson. – 7. Oui, j'aime bien le sport/Non, je n'aime pas le sport. – 8. Je connais…

6
en/en/en/à/les/en/les/en/en/au.

7
1. ☑ 2. ☑ 3. ☐ 4. ☐ 5. ☐
☐ ☐ ☐ ☐ ☑
☐ ☐ ☑ ☑

1. professeur/chercheur/journaliste – 2. secrétaire – 3. garagiste – 4. photographe – 5. réalisateur.

8
1. ☑ 2. ☐ 3. ☐ 4. ☑ 5. ☐ 6. ☑
☐ ☐ ☐ ☑ ☑ ☐
☐ ☑ ☑

9

A	B
Ça marche bien ?	Qui c'est ?
M. Roux est là ?	Il est où, ton copain ?
Vous avez rendez-vous ?	Où tu joues de la guitare ?
Je suis en avance ?	Comment allez-vous ?
Vous êtes la fille de M. Roux ?	
Vous êtes banquier ?	

1. — Qui c'est ? — C'est la fille de M. Roux. – 2. — Il est où, ton copain ? — Il est au lycée/il est sorti. – 3. — Où tu joues de la guitare ? — Chez moi/au conservatoire/dans le métro. – 4. — Comment allez-vous ? — Je vais très bien/ça ne va pas très bien/et vous ?

10
1. Je vous présente M. Gaston, il est informaticien. – 2. Voici Mme Pol, elle est traductrice. – 3. Je vous présente Mlle Gil, elle s'occupe du service du personnel. – 4. Et voici M. Fèvre, il s'occupe du secteur production. – 5. Je vous présente Mlle Zoé, elle s'occupe du secteur des ventes. – 6. Et voici M. Nome, il s'occupe des achats. – 7. Je vous présente Mme Rave, elle est chargée des relations internationales/elle s'occupe du secteur international.

11
L'accord du participe passé se fait avec le sujet grammatical.

je suis arriv**ée**	il est ven**u**	nous sommes allé**s**
je suis allé**e**		nous sommes sort**is**
je suis rest**ée**		
je suis part**ie**		

Ces verbes sont conjugués avec **être**.

12
1. Elle est allée chez Michel. – 2. Ils sont allés visiter une très vieille église romane. – 3. Ils sont sortis. – 4. Jacky est partie le lundi matin.

allé(e) – arrivé(e) – entré(e) – monté(e) – resté(e) – parti(e) – sorti(e) – venu(e) – descendu(e).

13
Observez que les pronominaux (je me suis reposé) se conjuguent avec **être**.
Observez les formes de tous les participes passés.

14

1. Il a passé deux semaines chez Michel.
2. Il a fait du vélo, il a nagé et il a fait des promenades.
3. Il a lu, il a beaucoup dormi, il s'est reposé, il a visité une vieille église et il est allé au restaurant.
4. Il est resté deux semaines en Bourgogne.

loué	dormi	lu
montré	pris	vu
nagé		fait
rencontré		

15

Exercice de production libre dans lequel l'apprenant doit montrer qu'il peut utiliser le passé composé.

16

est allée/a rencontré/ont fait du vélo/ont nagé/ont visité/sont allés dîner/a fait des promenades/a vu/a pris.

17

1. Qu'est-ce que tu as fait ? – 2. as vu/ai pris – 3. as rencontré/ai rencontré – 4. avez parlé/avons parlé – 5. es-tu resté/tu es resté/suis resté.

UNITÉ 3

1

1. Elle est grande/moderne/belle/superbe. – 2. Elle est grande/belle. – 3. Il est grand/moderne. – 4. Ils sont amusants/intelligents/gentils. – 5. Ils sont gentils/sévères/intelligents. – 6. Il est agréable/joli/magnifique…

2

1. C'est délicieux. – 2. C'est superbe/étonnant. – 3. C'est magnifique/vieux. – 4. C'est magnifique/grand. – 5. C'est reposant.

3

1. Ce n'est pas bon. – 2. Ce n'est pas beau. – 3. Ce n'est pas élégant. – 4. Ce n'est pas propre.

4

1. Il est marocain. – 2. Elle est espagnole. – 3. Ils sont japonais. – 4. Il est argentin. – 5. Elles sont anglaises. – 6. Il est portugais. – 7. Ils sont australiens. – 8. Elle est canadienne. – 9. Ils sont chiliens. – 10. Il est indien.

5

1. moi aussi/pas moi – 2. pas moi/moi aussi – 3. moi aussi/pas moi – 4. moi aussi/pas moi – 5. pas moi/moi aussi – 6. pas moi/moi aussi – 7. moi aussi/pas moi – 8. pas moi/moi aussi.

6

1. moi aussi/moi non plus – 2. moi aussi/moi non plus – 3. moi aussi/moi non plus – 4. moi non plus/moi aussi – 5. moi aussi/moi non plus.

7

1. ☑ 2. ☑ 3. ☐ 4. ☐ 5. ☐ 6. ☐ 7. ☑
☐ ☐ ☐ ☑ ☑ ☑ ☐
☐ ☑ ☑ ☑
☑ ☑

8

1. Tu as un bon boulot ? – Tu bosses ? – Quelle est votre profession ?

9

2. — Où travaillez-vous ? — Je travaille à La Salpêtrière, je suis chirurgien. – 3. — Où travaillez-vous ? — Je travaille chez Bull, je suis informaticien – 4. — Où travaillez-vous ? — Je travaille au ministère des Finances, je suis fonctionnaire. – 5. — Où travaillez-vous ? — Je travaille au Crédit agricole, je suis banquier. – 6. — Où travaillez-vous ? — Je travaille à FR3, je suis animateur de télévision. – 7. — Où travaillez-vous ? — Je travaille à la Comédie-Française, je suis comédien. – 8. — Où travaillez-vous ? — Je travaille chez Didier, je suis éditeur.

10

1. C'est étonnant pour un Anglais ! – 2. C'est rare pour un médecin ! – 3. C'est curieux pour un banquier ! – 4. C'est étonnant pour un professeur ! – 5. C'est bizarre pour une Canadienne !

11

Chaque élève donnera son emploi du temps.
Le matin, je me lève à 7 heures. Je prends mon petit déjeuner. Je prends le métro pour aller à mon travail. Je travaille jusqu'à midi. A midi, je déjeune dans un petit restaurant. De 14 heures à 15 heures, je travaille au bureau.
Le soir, je rentre à 18 heures à la maison. Le samedi et le dimanche, je fais du sport ou je me promène avec ma femme et mes enfants.

12

Chaque élève répond en fonction de la situation.

13

Les élèves, en petits groupes, s'interrogent sur leur situation familiale, professionnelle et sur leur nationalité ainsi que sur le caractère de leurs parents, amis ou enfants.
Tu es célibataire, toi aussi ? – Vous êtes journaliste, vous aussi ? – Tu es espagnole, toi aussi ? – Vos enfants sont fatigants ?

14

On peut qualifier de :
1. extraordinaire : un film, un garçon, un événement historique ; **mais** un plat peut être qualifié de merveilleux ou de délicieux !
2. horrible : une ville, un film, un animal, une musique, un personnage de roman ; **mais** un chanteur horrible est un chanteur qui chante vraiment très mal !
3. beau ou remarquable : une découverte médicale remarquable, un beau livre, un beau tableau, une belle fleur, un beau poème, un beau concerto, un livre remarquable.
4. sympathique ou désagréable : un(e) homme/femme sympathique ou désagréable, une ville désagréable ou sympathique ; **mais** une belle histoire/une histoire intéressante, un film intéressant, un pantalon agréable à porter/un beau pantalon, une œuvre d'art splendide/intéressante.
5. bon ou mauvais : un bon/mauvais vin, un bon vêtement, un jeune homme bon/mauvais, une bonne maison, une bonne/mauvaise heure (par rapport à la circulation : le matin à 8 heures, c'est une bonne heure pour circuler), un bon/mauvais livre ; **mais** un beau paysage, un vêtement pas confortable, une maison pas agréable à vivre.
6. fatigant : un enfant fatigant, une vie fatigante, un travail fatigant, une musique fatigante, le métro est fatigant (quand il y a beaucoup de monde !) ; **mais** une rue animée/bruyante, un livre ennuyeux, un repas agité/bruyant.

15

1. Non, je n'aime pas Picasso, mais… – 2. Non, je ne suis pas italienne, mais… – 3. Non, je ne suis pas marié(e)… – 4. Non, je n'aime pas le sport. – 5. Non, je ne fais pas de ski, mais… – 6. Non, je ne suis pas seule /seul chez moi… – 7. Non, je ne connais pas tous les pays d'Europe, mais…

16

1. Moi, non, je ne me couche pas tard, je me couche à minuit… – 2. Non, je n'aime pas le jazz… – 3. Non, je n'aime pas aller dans les musées… – 4. Non, je ne déjeune pas à la cantine… – 5. Je n'habite pas à Versailles…

17

1. Si, c'est fatigant : … – 2. Oui, je suis marié(e). – 3. Si, c'est très difficile. – 4. Oui, il travaille à Strasbourg. – 5. Si, ils habitent avec moi.

18

1. Je te demande **si** tu veux un whisky. – 2. Je vous demande **si** vous êtes seul(e) à Paris. – 3. Je te demande **pourquoi** tu pars. – 4. Je vous demande **si** vous habitez ici ? – 5. Je te demande **où** tu vas en vacances. – 6. Je te demande **si** tu travailles à l'hôpital. – 7. Je vous demande **comment** vous vous appelez. – 8. Je vous demande **si** vous êtes célibataire.

19

Fier comme un paon.

Têtu comme une mule.

Méchant comme un tigre.

Fort comme un lion.

Doux comme un agneau.

Malin comme un singe.

Bavard comme une pie.

20 Le bourgeois : il adore manger du caviar/il aime jouer au golf/il admire Léonard de Vinci, Christian Dior. – Le manne-quin : il/elle adore les carottes râpées/il/elle aime faire de la gymnastique/il/elle admire Greta Garbo. – L'ouvrier gavroche : il adore le salé aux lentilles/il aime faire du vélo/il admire Victor Hugo, Maradona. – L'intellectuel : il adore le canard à l'orange/il aime aller dans les musées/il admire Einstein, Voltaire. – Le général : il adore le pot-au-feu, le cassou-let/il aime jouer aux échecs/il admire Jeanne d'Arc, De Gaulle et Napoléon. – L'artiste bohème : il adore le bœuf bourgui-gnon/il aime lire, aller dans les musées/il admire Van Gogh. – La chanteuse : elle adore la langouste grillée/elle aime faire du shopping/ elle admire Michael Jackson, Mick Jagger.

21 Je ne suis pas d'accord. L'âge n'est pas important. Il est plus important d'avoir les mêmes goûts. Si elle veut voir un concert de musique classique et lui un concert de rock, comment ils vont faire ? Mais avoir des professions différentes c'est bien, on peut discuter de choses différentes.

UNITÉ 4

1 1. Je trouve la Seine poétique/apaisante/romantique/fasci-nante. – 2. Je trouve les cafés sympathiques/ accueil-lants/bruyants. – 3. Je trouve les Parisiens bavards/drôles/désagréables/agressifs. – 4. Je trouve la Pyramide du Louvre magnifique/étonnante. – 5. Je trouve les jardins de Paris bien entretenus/très fleuris/superbes/pas très naturels/trop sophistiqués. – 6. Je trouve les ponts de Paris très beaux/romantiques/très bien construits/très classiques/trop vieux. – 7. Je trouve l'Arc de Triomphe très imposant/trop lourd/trop sculpté/merveilleux.

2 1. Je préfère la campagne, c'est plus reposant./Je préfère la ville, c'est plus drôle. – 2. Je préfère l'art moderne, c'est plus étonnant, plus créatif./Je préfère l'art classique, c'est plus sobre, plus réaliste. – 3. Je préfère les monuments anciens, ils sont plus solides, mieux construits./Je préfère les monuments modernes, ils sont plus étonnants, plus curieux, plus beaux. – 4. Je préfère les quartiers anciens, ils sont plus vivants, plus curieux, extraordinaires./Je préfère les quartier modernes, ils sont plus aérés, plus géométriques, mieux construits, plus confortables. – 5. Je préfère les petits magasins, c'est plus accueillant, plus intime, plus humain./Je préfère les grands magasins, c'est plus pratique, plus économique, moins cher.

3 1. Il est vingt heures. – 2. Il est douze heures. – 3. Il est dix-huit heures. – 4. Il est vingt-deux heures. – 5. Il est vingt heures. – 6. Il est six heures. – 7. Il est midi. – 8. Il est huit heures. – 9. Il est neuf heures.

4 1. J'ai sommeil. – 2. J'ai faim. – 3. J'ai soif et j'ai mal aux pieds. – 4. J'ai mal à la tête et je suis fatigué(e). – 5. J'ai peur, je suis énervé(e), j'ai mal aux dents. – 6. Je suis content(e), j'ai faim et soif, je suis fatigué(e). – 7. Je suis fatigué(e), j'ai sommeil. – 8. J'ai peur, je suis énervé(e), je suis malade.

5 1. J'aime voyager parce qu'il y a beaucoup de choses à voir. – 2. J'aime entrer dans les librairies parce qu'il y a beaucoup de choses à lire ou à découvrir. – 3. J'aime faire les courses dans les grands magasins parce qu'il y a beaucoup de choses à voir ou à acheter. – 4. J'aime écouter la radio parce qu'il y a beaucoup de choses à apprendre, à entendre. – 5. J'aime regarder la télévision parce qu'il y a beaucoup de choses à savoir, beaucoup de choses à regarder. – 6. J'aime aller à l'école parce qu'il y a beaucoup de choses à faire, beaucoup d'amis à rencontrer, beaucoup de choses à apprendre. – 7. J'aime aller à la discothèque parce qu'il y a beaucoup de disques à écouter, beaucoup de gens à rencontrer, beaucoup de découvertes à faire.

6 1. Doux comme un agneau. – 2. Bavarde comme une pie. – 3. Rapide comme l'éclair. – 4. Bon comme le pain/comme du bon pain. – 5. Ennuyeux comme la pluie.

7 1. Que la neige est blanche/sale ! – 2. Que le ciel est bleu ! – 3. Que la mer est dangereuse/belle/effrayante ! – 4. Que la forêt est verte/belle/fraîche ! – 5. Que les arbres sont tristes/seuls/noirs/malheureux ! – 6. Que les fleurs sont jolies/comme elles sentent bon ! – 7. Que les blés sont jaunes/dorés/beaux ! – 8. Que le soleil est brûlant/chaud/ fort !

8 1. L'automne vient d'arriver. – 2. L'hiver vient d'arriver. – 3. Ils viennent de sortir. – 4. Je viens de déjeuner, merci. – 5. Je viens de commencer !

9 Faire observer les structures avec **être** : Il est de taille moyenne./Il n'est pas gros./Ses cheveux sont blonds.
Faire observer les structures avec **avoir** : Il a les cheveux blonds./Elle a le visage ovale./Ils ont des yeux bleus.
Faire découvrir les verbes **mesurer** et **peser** qui expriment respectivement la taille et le poids d'une personne : Il **est** gros, il **pèse** soixante kilos !/Il **est** grand, il **mesure** un mètre quatre-vingt-quinze !

10 1. est/n'est/est/a/a/a. (réponse : Fidel Castro)
2. est/n'est/est/a/a/a.   (réponse : La reine d'Angleterre)

11 1. ☐ 2. ☑ 3. ☑ 4. ☑
☐ ☐ ☐
☑ ☑ ☑ ☐

12 Alain Jonas est mon ami. Il n'est pas très grand : il mesure 1 mètre 60. Il est plutôt maigre : il pèse 45 kg. Il est blond : ses cheveux sont blonds./Il a les cheveux très blonds. Il a les yeux verts./Ses yeux sont verts. Il a le visage triangulaire./Son visage est triangulaire. Il est barbu./Il a une barbe et des moustaches blondes./Il porte la barbe et la moustache./Sa barbe et sa moustache sont blondes.

13 1. Mon acteur favori, c'est... Il est grand, blond. Il est vieux/jeune. Il a les yeux bleus/noirs. Il mesure 1 mètre 80, il n'est pas gros, etc.
2. Elle s'appelle... Elle est blonde, elle a les yeux bleus, elle est maigre, elle pèse 45 kg. Elle est petite, elle mesure 1 mètre 60. Elle est jolie, elle a le visage plutôt ovale, etc.
3. Il est laid. Il a de grandes dents, il a un sourire effrayant. Il est noir de peau, il a beaucoup de cheveux. Il a une barbe très longue et des cornes sur la tête, son nez est rouge et ses yeux brillent comme de la braise/du feu, etc.
4. Il n'a plus de jambes, il n'en a pas besoin parce qu'il ne marche plus. Il a des bras très petits parce qu'il ne fait plus rien avec ses bras. Il a une tête très grosse parce qu'il pense beaucoup, ses yeux sont deux fois plus grands que les nôtres parce qu'il regarde toujours les écrans des ordina-teurs. Il ne parle plus la même langue que nous. Il parle le langage des ordinateurs. Il n'est pas beau, il n'a pas de cou-leur particulière, ni blanc, ni jaune, ni noir. Il est maigre et petit parce qu'il ne mange plus d'aliments naturels. Il ressemble à un robot de *La Guerre des étoiles*...

14 1. Je déteste, c'est épouvantable./J'adore, c'est super. – 2. J'adore, c'est extra./Je déteste, c'est affreux. – 3. J'adore, c'est marrant./Je déteste, c'est ridicule. – 4. J'adore, c'est rigolo./Je déteste, c'est ridicule. – 5. J'adore, c'est chouette./Je déteste, c'est bête. – 6. Je déteste, c'est idiot./J'adore, c'est fou. – 7. J'adore, c'est extra./Je déteste, c'est épouvantable. – 8. J'adore, c'est chouette./Je déteste, c'est affreux. – 9. J'adore, c'est marrant./Je déteste, c'est idiot. – 10. J'adore, c'est impeccable./Je déteste, c'est épou-vantable.

15 1. Elles sont gentilles. – 2. Ils sont formidables. – 3. Ils sont sévères/intéressants. – 4. Ils sont extraordinaires. – 5. Elles sont mignonnes/belles/agiles. – 6. Ils sont menteurs/tri-cheurs/formidables/démagogues/altruistes. – 7. Elles sont généreuses/attentionnées/courageuses/dévouées. – 8. Elles sont jolies/inhumaines/artificielles/superbes. – 9. Ils sont ado-rables/mignons/touchants/drôles/naïfs/comiques. – 10. Ils sont ennuyeux/endormants/extraordinaires/brillants/géniaux/rêveurs/utiles/inutiles.

16

1. Peut-être, mais ils sont sales. – 2. Tu exagères. – 3. Peut-être, mais on apprend mieux dans les livres. – 4. Tu exagères !/Certainement pas ! – 5. Certainement pas ! Regarde le centre Georges Pompidou ! – 6. Tu exagères ! La circulation est très difficile à Paris ! – 7. Peut-être, mais elle est intéressante aussi.

17

A son mariage, Nicolas invite son père, sa mère, ses frères, ses grands-parents, sa grand-mère maternelle, sa tante, son oncle, ses cousins et ses cousines.

Julie invite son père, sa mère, et son ami, ses sœurs, son cousin, son oncle et sa tante.

Ils invitent aussi leurs amis communs.

18

… mon passeport, mon appareil photo, mes affaires, mon carnet d'adresses…

… sa tente, son sac de couchage, son sac à dos, ses affaires, son rasoir, sa trousse de toilette, sa lampe de poche et son maillot de bain.

… son cartable, son stylo, son livre de classe, ses cahiers, ses crayons de couleur…

19

sa veste, sa robe, ses chaussures, son corsage, ses bas.

20

vos livres, vos stylos, vos feuilles/cahiers, votre dictionnaire.

21

b. Regarder la télévision, c'est augmenter sa culture. – Écouter la musique, c'est développer l'oreille. – Aller au cinéma, c'est partager une émotion. – Visiter les musées, c'est développer son sens artistique. – Faire du sport est une source de jeunesse et d'équilibre. – Habiter à la campagne augmente son capital de santé et enlève l'agressivité. – Développer l'esprit de compétition diminue la violence. – Cultiver ses muscles et développer son intelligence, c'est un besoin.

22

Mes activités préférées sont la voile et le tourisme. J'adore la natation et le ski, mais je n'aime pas beaucoup le jogging. Je déteste le tennis. Je suis bien au bord de la mer et à la montagne. Je trouve la petite ville monotone. Je préfère les grandes villes.
J'apprécie surtout la liberté, la tolérance et le courage. La beauté dans la nature et dans l'art est très importante. Je ne comprends pas la violence et je trouve la bêtise insupportable.

Publicité Air France
1. – Ce sont des hommes d'affaires.
– Ils aiment le confort, les signes extérieurs de richesse.
– Ils ont besoin de calme, de considération.
– Ils veulent être considérés comme des gens privilégiés.

2. Il y a peu de femmes qui voyagent pour affaires. Elles ont sans doute raison.

Pour nos repas, nous nous sommes inspirés des meilleures tables.
Un bon repas est la chose la plus agréable au monde. Pour notre nouvelle classe, nous avons choisi les services du chef le plus réputé en France : François Grandgousier.
Lors de votre voyage, vous apprécierez les plats les plus raffinés. Aussitôt installé dans votre fauteuil, on vous apportera un sorbet au champagne. Un peu après, quand nous aurons atteint notre vitesse de croisière, nous vous servirons un choix de hors-d'œuvre variés : caviar de la Caspienne, crevettes au Grand Marnier, ensuite vous savourerez des poissons du jour, des viandes raffinées : pâté d'alouette, perdreau à l'anis.
Enfin, les yeux fermés, vous apprécierez la saveur de nos succulents desserts. Vous jouirez pleinement du plaisir de déguster le repas le plus mémorable de votre vie.
Dépêchez-vous de réserver, sinon vous le regretteriez. Pour nous, vous êtes le roi des gourmets.
Réservations 3615 AG – Air Gourmet.

UNITÉ 5

1

1. Il y a du café. – 2. Il y a du lait. – 3. Il y a de l'eau. – 4. Il y a de l'huile. – 5. Il y a de la farine. – 6. Il y a de la lessive. – 7. Il y a des bonbons. – 8. Il y a des vêtements/des photos de mannequins. – 9. Il y a des disques/des publicités sur les nouveautés. – 10. Il y a de la confiture.

2

1. plus de/du – 2. plus de/du – 3. n'a plus de farine, alors elle va acheter de la farine. – 4. n'a plus de lessive, alors elle achète de la lessive. – 5. n'a plus de fruits, alors elle achète des fruits. – 6. n'a plus de légumes, alors elle veut acheter des légumes. – 7. n'a plus de fromage, alors elle va acheter du fromage. – 8. n'a plus de timbres, alors elle achète des timbres. – etc.

3

1. Prends un thé/une limonade/du Coca. – 2. Prends du poisson. – 3. Prends des petits pois/des pâtes. – 4. Prends un roman ou une revue. – 5. Prends un blouson.

4

1. Donnez-moi un café ! – 2. Prête-moi ton Walkman ! – 3. Écrivez-moi !/Téléphonez-moi ! – 4. Écris-moi ! – 5. Ouvrez-moi !/Répondez-moi ! – 6. Répondez-moi ! – 7. Écris-moi ! – 8. Téléphone-moi ce soir !

5

1. — Je voudrais des légumes verts. — Désolé, on n'a que des frites. – 2. — Vous avez des croissants ? — Ah non, il y a seulement des sandwiches. – 3. — Donnez-moi de l'eau ordinaire. — Ah ! désolé, il y a seulement de l'eau minérale. – 4. — Donnez-moi de la bière. — Nous n'avons que des jus de fruit./Il y a seulement des jus de fruit. – 5. — Donnez-moi un steack. — Il y a seulement du poisson aujourd'hui./Il n'y a que du poisson aujourd'hui.

6

1. dépense – 2. mange – 3. Il boit de l'/il boit du – 4. Il achète/il offre – 5. il choisit – 6. Il aime – 7. Il gagne/il dépense – 8. Il possède/il a – 9. Il a – 10. Il achète – 11. Il offre.

7

1. ☑ 2. ☑ 3. ☐ 4. ☐ 5. ☐ 6. ☐ 7. ☑ 8. ☐ 9. ☑ 10. ☐ 11. ☑
☑ ☐ ☐ ☐ ☐ ☐ ☑ ☐ ☑ ☐ ☑
☐ ☐ ☑ ☑ ☑ ☑ ☐ ☑ ☐ ☐ ☐

8

a. 1. Ils sont beaux ? – 2. Ils sentent bon ? – 3. Faites-moi un beau bouquet ! – 4. Je vous dois combien ?
b. 1. — Tu peux me prêter de l'argent ? — Combien tu veux ? 2. Tu peux me prêter/ prête-moi/passe-moi…

9

Avant, à Paris, il y avait des voitures tirées par des chevaux ; **maintenant** il **n'**y a **plus de** voitures à cheval, il y a beaucoup de voitures, des motos, des autobus et des taxis.
Avant 20 heures, il y a du soleil, **après** 20 heures, il **n'**y a **plus de** soleil parce que c'est la nuit !
Avant d'avoir 18 ans tu étais un enfant, **maintenant** tu **n'**as **plus** 18 ans et tu es un homme.
Avant je fumais beaucoup mais **maintenant** je **ne** fume **plus** et je suis très heureux sans cigarettes.
Avant d'apprendre le français, je croyais que c'était une langue facile **maintenant** je ne le crois plus !
S'il te plaît, **ne** bois **plus** d'alcool, tu conduis !
Avant, il y avait beaucoup de pigeons à Paris, **maintenant** il **n'**y a **plus de** pigeons.

10

1. Désolé, il **n'**y a **plus de** baguette, il **n'**y **que du** pain de campagne… – 2. Je **n'**ai **que du** pain de campagne, je **n'**ai **plus de** pain complet.

11

Chaque élève répond en fonction de ses goûts.
Le matin, je bois **du** thé.
À midi, je mange **de la** viande avec **des** légumes, je prends aussi souvent **une** omelette avec **des** frites ou **un** sandwich avec **de la** salade.
Le soir, j'aime bien manger **des** légumes, **du** poisson et prendre aussi **du** fromage mais je **n'**aime **pas** prendre **de** dessert, je **ne** mange **jamais de** gâteaux sucrés.

12
1. des pommes/des poires. – 2. du thon. – 3. du/du lait/des – 4. de la/des – 5. des/des. – 6. des/des/des/des – 7. du/le – 8. la – 9. l'/de l' – 10. le/la/les/les/l'.

13
1. Tu n'as qu'à demander à Dominique. – 2. Tu n'as qu'à aller en Martinique. – 3.Tu n'as qu'à leur écrire plus souvent. – 4. Tu n'as qu'à dépenser moins d'argent. – 5. Tu n'as qu'à travailler régulièrement.

14
1. De l'eau / De l'eau / De l'eau
Des oiseaux / Un chameau / Un château
C'est beau ! / C'est beau ! / C'est beau !

2. Du vin / Du vin / Du vin
Du pain au levain / Un copain / Dans un petit coin
Du foin / Un peu de pain / Un chevrotin (petit fromage de chèvre)
Le matin / C'est divin ! / C'est divin !
C'est divin !

3. Des amis / Des amis
La fête est finie / Un midi
Ils sont partis / Un repas de spaghettis
C'est fini ! / C'est fini !

15
Chaque élève fait un poème à la manière de Prévert.

16
a. Non, monsieur, nous n'**en** avons plus. – Oui, monsieur, nous **en** avons.
b. Je voudrais manger du poulet rôti, vous **en** avez ? – Oui, nous **en** avons, vous voulez des frites avec ? – Oui, nous **en** avons, avec de la salade ? – Non merci, je n'**en** prends jamais : je n'aime pas ça.

17
1. Oui, je mange beaucoup de pain. – 2. Oui, j'en veux un peu. – 3. Non, je ne bois pas beaucoup de vin. – 4. Oui, je mange beaucoup de fruits. – 5. Non, je ne mange pas beaucoup de viande. – 6. Oui, je mets un peu de lait dans mon thé. – 7. Oui, j'en veux encore un peu. – 8. Non, je bois peu d'eau.

18
1. Combien en voulez-vous ? – 2. Encore un peu de vin ? – 3. Combien en voulez-vous (roses, lys) ? – 4. Tu veux encore du poisson ? – 5. Voulez-vous de la viande ? – 6. Désirez-vous du vin ?

19
a. La rose peut être rose, blanche, jaune, rouge. – La marguerite est blanche. – L'anémone peut être rouge ou bleue. – Le coquelicot est rouge. – La pervenche est bleue. – Le lilas peut être rose, blanc. – Le mimosa est jaune. – Le bleuet est bleu. – Le lys est blanc.
b. – Dans mon bouquet, il y a des lys et des roses, symboles de la pureté et de l'amour, il y a aussi des gardenias pour l'odeur et de la verdure.
– Dans ce bouquet, il y aurait des fleurs tendres : des myosotis, des roses blanches, des marguerites et du jasmin.
– On peut faire un bouquet modeste avec des marguerites blanches, des anémones rouges et des bleuets. On peut aussi faire un bouquet riche avec des lilas blancs, des roses rouges et des iris bleus.

20
Je peux faire un gâteau avec des biscuits à la cuiller, de la crème fraîche, du sirop de framboise et du rhum pour parfumer les biscuits. C'est une charlotte à la framboise. Je peux aussi faire un gâteau avec de la farine et du beurre, un œuf, des pommes coupées en morceaux et de la cannelle. C'est une tarte aux pommes.
Du beurre et de l'échalote. Ma sauce préférée est faite avec : du vinaigre, du beurre fondu, du vin blanc, de l'échalote, du sel et du poivre. C'est un beurre blanc pour accompagner le brochet (un poisson de rivière).

21

Phrases banales	Phrases insolites
L'oiseau chante dans l'arbre.	L'arbre rêve à l'oiseau.
Le chien cherche le chat.	Le chien rêve du chat.
Le nuage se trouve dans le ciel.	Le ciel oublie les nuages.
L'enfant nage dans la piscine.	La piscine attend l'enfant.
Le client refuse le sandwich.	Le sandwich refuse le client.
La mère parle à l'enfant.	La mère adoucit l'enfant.
Ce téléphone n'a pas de répondeur.	Le répondeur n'entend pas le téléphone.
La femme choisit une robe.	La femme ne plaît pas à la robe.
Le touriste arrive à l'aéroport.	L'aéroport ne choisit pas ses touristes.

22
gris – bleu – triste – blanche – bavards – bête – doux – méchant – tendre – occupée.

UNITÉ 6

1
1. peux pas – 2. veulent – 3. voulez/voulez/veux/peux – 4. voulez/veut/ne peut pas – 5. peux/ne veux pas/peux (pourrais) – 6. ne peuvent pas/veulent – 7. voulez/veux – 8. ne peut pas – 9. on ne peut pas/veut – 10. veut (voudrait)/voulez/veut (voudrait).

2
1. Ce soir, je te téléphone. – 2. Je t'écris/Je t'écrirai la semaine prochaine. – 3. Dimanche, je vous invite au restaurant. – 4. Je t'offre une place de cinéma pour samedi soir. – 5. Ce soir, je vous rencontre/je vais vous rencontrer aux Papillons./Ce soir, on se rencontre aux Papillons à 8 heures/on va se rencontrer aux Papillons à 8 heures. – 6. Ce soir, je t'attends à la sortie du lycée./je t'attendrai ce soir à la sortie du lycée./ Je viendrai t'attendre ce soir à la sortie du lycée.

3
1. Je ne peux pas/Parce que je vais à l'/Parce que je vais travailler à l' – 2. Je ne peux pas/je vais au/je vais passer un examen au – 3. Je ne peux pas/Je vais au – 4. On ne peut pas/Nous ne pouvons pas/On va/Nous allons – 5. Nous ne pouvons pas/allons.

5
A. **Les noms de métiers** : architectes, serveurs, artistes, peintres, professeurs, sculpteurs, journalistes.
B. **Les mots concernant le travail dans un « bistrot »** : patronne, terrasse, trottoir, serveur, comptoir, clients, addition, servir, la carte.

6
1. un modèle/un tableau/de la peinture/des pinceaux – 2. un article/un journal/un crayon/un téléphone/un magnétophone – 3. un plateau/un client/une addition/une serviette/des verres/des tasses – 4. un tableau/une matière (à enseigner)/des étudiants/des élèves/une salle de classe.

7
1. réunir/se réunir – 2. servir/se servir – 3. peindre – 4. additionner – 5. sculpter – 6. compter – 7. promener/se promener – 8. vendre – 9. offrir – 10. annoncer.

8
1. les serveurs – 2. les dessinateurs – 3. les enseignants/les professeurs – 4. les écrivains/les auteurs – 5. les créateurs/les ingénieurs/les poètes – 6. les inventeurs – 7. les sculpteurs.

9
1. Le romancier écrit un roman. – 2. Le serveur a besoin d'un client. – 3. Le journaliste écrit/rédige un article. – 4. Le sculpteur sculpte une statue. – 5. Le professeur écrit et explique au tableau./Le peintre peint un tableau. – 6. Le serveur apporte l'addition./Le client paie l'addition, etc.

10
1. Ne te fais pas de soucis, tu vas réussir ton examen. – Ne t'inquiète pas, ton médecin est excellent. – Ne t'inquiète pas, tu vas sauter dans un taxi et tu vas avoir ton avion.
2. Ne vous inquiétez pas, nous allons nous arranger. – Ne vous inquiétez pas, ce n'est pas grave. – Ne vous faites pas de soucis, vous allez trouver des chambres facilement.

11
1. Viens. – 2. Faites une réunion. – 3. Ne sors pas trop tard. – 4. Fait le repas. – 5. Venez dîner chez moi. – 6. Restez encore un peu.

Publicité Sopad Nestlé.

1. **Le ciel** : Il a la profondeur de l'azur, il est le mystère du monde. Il est l'âme de la terre et il est son espoir.
2. **Michael Jackson** : Il a la souplesse et l'agilité des félins. Il a leur élan et il est leur magie.
3. **Le vin (blanc)** : Il a l'équilibre de ces côteaux et la limpidité de leur lumière. Il a le parfum de l'été et il est sa chanson.

UNITÉ 7

1
1. prenez le métro – 2. allez à pied/faites le chemin à pied – 3. ne prenez pas/prenez – 4. ne descendez pas/descendez – 5. Laissez/faites.

2
1. va dans les Alpes/respireras l'air pur/feras du ski – 2. prenez des vacances/ferez du sport/rencontrerez des gens/serez heureux. – 3. Prenez l'avion/irez plus vite/serez pas fatigué/passerez une bonne nuit/pourrez travailler. – 4. Mariez-vous !/serez/aurez une famille/serez toujours occupé/aurez toujours de la compagnie/aimerez la vie. – 5. prenez des médicaments/restez au lit 48 heures/aurez/vous sentirez bien/pourrez retourner/serez bien.

3
Où est stationnée ta voiture ?
1. Ma voiture est stationnée à droite de la rue de Paris, – 2. en face du n° 25, – 3. à côté du jardin et – 4. derrière un gros camion.

Comment faut-il faire pour aller chez toi ?
1. descends/sors au métro – 2. marches tout droit jusqu'au premier – 3. tournes à droite. – 4. marches tout droit jusqu'à la – 5. tournes à droite/vas/marches jusqu'au/au 2ᵉ étage à gauche.

Photos de famille :
1. Moi, je suis au centre. – 2. Ma mère est devant mon père. – 3. Mon frère est à ma droite, assis sur les genoux de mon père. – 4. Mon oncle est derrière moi. – 5. Ma tante est à côté de moi (à ma gauche).

4
1. connaissez/connais/ne sais pas/connaissez/connais/ne sais pas – 2. connaissez/sais/connaissez/connais – 3. savez/sais/connaissez/sais.

5
1. de la mairie d'Ivry à la – 2. va de la Nation/ de Nation à – 3. va du/au – 4. va des/à.

6
Pouvez-vous dire en quoi est construit : le Louvre : en pierre/en granit.– la Géode : en acier poli – les grandes tours de la Défense : en béton – le centre Pompidou : en acier inoxydable – la Pyramide du Louvre : en verre.

Pouvez-vous dire en quoi sont faits : les bijoux : en or ou en argent – les reproductions des statues du Louvre : en plâtre – les statues du Louvre : en marbre/en pierre.

7
Trouvez le contraire : 1. a. des bijoux modernes – 2. a. une nouvelle gare.

Donnez le contraire : 1. un meuble ancien – 2. un concert de musique moderne – 3. une nouvelle technique – 4. une ancienne construction/une construction ancienne.

8
1. **Série A** : voir – observer – admirer – consulter – apercevoir – apprendre – lire – remarquer – regarder – contempler.
Série B : entendre – écouter – consulter – apprendre – remarquer.

2. Apprendre : J'ai appris par les journaux que Pierre était parti en Chine. – Remarquer : J'ai remarqué que l'animateur de FR3 avait l'air triste. – Consulter : J'ai consulté le dictionnaire pour trouver le sens exact du mot « consulter ». – Admirer : Je suis allé(e) au musée Picasso et j'ai admiré les œuvres de ce grand artiste.

9
1. regarder et écouter – 2. voir et entendre – 3. j'ai regardé – 4. je vais écouter – 5. entendez/avez entendu – 6. ai/entendu/ai vu.

10
Série A (espace) : être – passer – être traversé – être construit – occuper – se trouver – être placé – être situé – se situer – traverser.

Série B (temps) : être – se passer – se célébrer – avoir lieu – commencer – finir – occuper – passer – se trouver.

Complétez les phrases suivantes :
1. traverse – 2. est située – 3. passe – 4. est construit/est placé/est situé – 5. se trouve – 6. a lieu/se célèbre/se passe – 7. a lieu/est/se célèbre/se passe – 8. commencent/finissent – 9. a lieu/se célèbre/se passe.

11
1. Allons-nous-en, je ne veux pas rester, c'est épouvantable ! – 2. Allez-vous-en, ne passez pas dans la rue, c'est trop dangereux ! – 3. Ne t'en va pas, reste, je veux rester avec toi. – 4. Ne vous en allez pas, restez avec moi. – 5. Ne t'en va pas, je veux jouer avec toi.

12
a. 1. Tu veux venir avec moi au cinéma ?/Non, je ne veux pas y aller, je suis fatigué. – 2. Tu veux venir avec moi à la bibliothèque de l'Université ?/Oui, je veux bien y aller. – 3. Tu veux venir avec moi en discothèque ?/Oui, je veux bien y aller. – 4. Tu veux venir avec moi chez nos copains ?/Non, je ne peux pas y aller, je garde ma petite sœur. – 5. Tu veux venir avec moi au festival de pop musique ?/Oui, je veux bien y aller.
b. 1. A – Peux-tu aller acheter du pain à la boulangerie ?
B – Non, j'en viens./Non, j'en reviens.
2. A – Peux-tu aller à la bibliothèque chercher un livre ?
B – Non, j'en reviens.
3. A – Peux-tu aller chez l'épicier acheter une bouteille de Coca ?
B – Non, j'en viens.
4. A – Peux-tu aller à la banque porter un chèque ?
B – Non, j'en viens.

14
1. Vas-y vite, n'y va pas trop tard ! – 2. Mais n'y allez pas avec des enfants trop jeunes. – 3. Allez-y, vous verrez. – 4. Oui, mais surtout, n'y allons pas en août, il y a trop de monde. – 5. Allez-y le soir, le spectacle est encore plus beau.

UNITÉ 8

1
1. j'aime mieux celui-ci, je le trouve plus chic. – 2. j'aime mieux celles-là, je les trouve plus classiques. – 3. j'aime mieux celui-ci, je le trouve plus original. – 4. j'aime mieux ceux-ci, je les trouve plus jolis. – 5. j'aime mieux celle-ci, je la trouve plus originale.

2
1. Lequel ? celui-là ? – 2. Laquelle ? celle-là ? – 3. Lequel ? celui-ci ? 4. Lesquelles ? celles-ci ? – 5. Lesquels ? ceux-là ?

3

1	Lavage à 60°.	2 et 6	Utilisation possible de l'eau de Javel.
3	Repassage possible.	4 et 8	Nettoyage à sec.
5	Lavage à la main.	7	Repassage à la vapeur.

4
Vendeuse : Vous faites du combien ? – Cliente : Je fais du trente-huit. – Vendeuse : Dans ce modèle je n'ai plus que cette paire. – Cliente : C'est du combien ? – Vendeuse : C'est du trente-sept. – Cliente : Je vais l'essayer. – Vendeuse : Elles vous vont bien ? – Cliente : Non, j'ai mal, elles sont trop petites.

5
Cliente : Vous avez du quarante dans ce modèle ? – Vendeuse : Non, mais essayez le quarante-deux. – Cliente : Regardez : il est trop large ! – Vendeuse : Alors essayez le trente-huit ! – Cliente : Il est trop serré. – Vendeuse : Il est ravissant, n'est-ce pas ? – Cliente : Oui, mais il est trop petit pour moi.

6
a.

[A]	[B]
habillé	décontracté
élégant	simple
sombre	clair
triste	gai

b. 2. pas assez clair veut dire : trop sombre.
3. pas assez gai veut dire : trop triste.
4. trop moderne veut dire : pas assez classique.
5. trop habillé veut dire : pas assez décontracté.
6. pas assez élégant veut dire : trop simple.

7
1. sont trop sombres – 2. trop décontractée/n'est pas assez habillée – 3. trop simple – 4. trop triste/elle n'est pas assez gaie – 5. trop classique/il n'est pas assez moderne – 6. trop décontractée/ne s'habille pas de façon assez habillée.

8 1. me va bien/ne te va pas bien/pas assez – 2. me vont bien/elles ne te vont pas bien/sont trop – 3. il ne te va pas bien/est trop – 4. me va bien/ne te va pas bien/pas assez.

9 1. Moi, je suis plus vieille que Janon, je suis plus petite qu'elle, je suis aussi plus jolie qu'elle, et plus intelligente mais moins sportive et de toutes façons je ne veux correspondre avec personne.

2. Moi, je suis plus vieux qu'Octave, je suis plus grand et plus gros que lui. Je suis plus beau et très intelligent. Je suis beaucoup plus sportif que lui mais je ne suis pas aussi gentil. Et moi, je ne cherche pas d'ami(e).

3. Octave est moins beau que mon ami. Il est moins grand que mon ami. Mon ami est plus gros que lui et plus sportif. Ils sont aussi gentils l'un que l'autre.

4. Janon est plus grande que mon amie, mais mon amie est aussi jolie qu'elle et elle est plus sympathique. Mon amie est moins sportive que Janon, mais elle est aussi intelligente.

5. Oui, parce qu'elle a l'air sûr d'elle.
Non, parce qu'elle a l'air trop sûr d'elle.

6. Oui, parce qu'il a l'air très sympathique.
Non, parce qu'il doute de lui/il n'est pas sûr de lui/il est trop jeune pour moi.

10 1. Vous avez tort ! les vêtements coûtent aussi cher dans mon pays ou en France. – 2. Vous avez tort, les plus belles chaussures viennent d'Italie ! – 3. Vous avez tort, les jeunes Français sont plus élégants que les autres jeunes. – 4. Vous avez tort, les femmes aiment les hommes avec ou sans yeux bleus ! – 5. Vous avez tort, les garçons sont aussi beaux que les filles. – 6. Vous avez raison, la mode jeune est moins originale que la mode des adultes.

11 1. Pas toujours. – 2. Pas du tout. – 3. Pas trop. – 4. Pas mal. – 5. Presque toujours. – 6. Pas du tout.

12 1. à la mode/mode – 2. mode/à la mode – 3. la mode – 4. la mode – 5. à la mode – 6. mode/à la mode – 7. à la mode/mode – 8. de mode – 9. de mode.

13 1. Je suis très sensible aux matières douces.
2. Je me passionne pour mon travail.
3. Je ne suis pas passionnée par les soirées.
4. Je m'habille pour mon plaisir.
5. Je soigne mon image.
6. J'attache beaucoup d'importance aux chaussures.
7. J'ai envie de plaire.
8. Je suis très intéressée par la mode féminine.

16 un répondeur téléphonique – une télécarte – un timbre – un stylo – un chat – un dictionnaire – un professeur – une cigarette.
C'est utile quand il fait froid, c'est chaud, c'est doux, mais ce n'est pas indispensable. Brigitte Bardot n'en porte pas. C'est un manteau de fourrure.
employée de banque – professeur de français – boulanger – couturier – ouvrier – chanteur – infirmière – photographe de mode.

UNITÉ 9

1 1. vous seriez libre – 2. est-ce que vous auriez l'heure/auriez-vous l'heure – 3. Vous sauriez/sauriez-vous/est-ce que vous sauriez – 4. vous auriez/est-ce que vous auriez/auriez-vous – 5. Tu voudrais/voudrais-tu/est-ce que tu voudrais – 6. vous pourriez.

2 1. Et si on allait au restaurant ?/On pourrait peut-être aller au restaurant ? – 2. Et si on rentrait à la maison ?/On pourrait peut-être rentrer ? – 3. Et si on partait en vacances ?/On pourrait peut-être partir ? – 4. Et si on prenait l'avion ?/On pourrait peut-être prendre l'avion ? – 5. Et si on faisait une fête ?/On pourrait peut-être faire une fête ? – 6. Et si on jouait aux échecs ?/On pourrait peut-être jouer aux échecs ? – 7. Et

si vous veniez chez nous ?/Vous pourriez peut-être venir chez nous ? – 8. Et si on faisait du tennis ?/On pourrait faire du tennis ?

3 1. J'irais bien au cinéma. – 2. Je prendrais bien un thé. – 3. Je regarderais bien la télévision. – 4. Je resterais bien à la maison. – 5. Je lirais bien le journal. – 6. Je ferais bien une petite sieste.

4 1. On dit que c'est très bien/il paraît que c'est très bien. – 2. Il paraît que ce n'est pas intéressant/on dit que ce n'est pas intéressant. – 3. Il paraît que c'est très bien. – 4. On dit que c'est mauvais/il paraît que c'est mauvais. – 5. Il paraît que c'est très bien/on dit que c'est très bien.

5 1. a. l'avez déjà – b. ne l'avez pas encore.
2. a. ont déjà – b. ne vous ont pas encore.
3. a. l'a déjà – b. ne l'a pas encore.
4. a. l'avez déjà – b. ne l'avez pas encore.
5. a. l'avez déjà – b. ne l'avez pas encore.
6. a. l'avez déjà – b. ne l'avez pas encore.
7. a. l'avez déjà – b. ne l'avez pas encore.

6 1. — Les Dupré sont à Paris depuis quelques jours.
2. — J'ai bien aimé le dernier livre d'Umberto Eco.
3. — Je voudrais acheter ces cassettes.
4. — J'ai vu un très beau tableau, ce matin.
5. — Il y a un excellent film à la télé, c'est un film de Truffaut.

7 1. — Je l'ai déjà vu ! — Je veux bien le revoir ! — Je ne veux vraiment pas le voir. — J'ai très envie de le voir. — J'aimerais bien le voir. — Je n'ai pas envie de le revoir. — Je ne l'ai pas encore vu...
2. — J'en ai emprunté cinq. — Oui, j'en ai visité deux/Oui, je suis allé(e) voir deux expositions. — J'y suis allé(e) souvent, environ deux ou trois fois par mois. — Non, je n'en ai pas vu. — Oui, j'en ai visité plusieurs pendant mes vacances. — Je n'en ai vu aucun./Je n'en ai pas vu un seul.
3. — Je les ai déjà rencontrés à une soirée. — Je veux bien les rencontrer. — Je ne vois pas l'intérêt de les rencontrer. — J'ai très envie de les connaître. — J'aimerais bien les connaître mieux, d'accord. — Je ne les ai pas encore rencontrés...

UNITÉ 10

1 1. Hier, j'ai bu du vin parce qu'il était excellent. – 2. Hier, je ne suis pas sorti(e) parce que j'avais beaucoup de travail. – 3. Hier, je n'ai pas dormi parce qu'il faisait trop chaud. – 4. Je n'ai pas vu Pierre parce qu'il était en Allemagne. – 5. J'ai vu ce film parce que les acteurs étaient merveilleux. – 6. Il a habité Paris parce qu'il était lecteur d'anglais. – 7. Elle a écrit à Cécile parce que son téléphone était en panne. – 8. Je suis allé(e) au cinéma parce qu'il pleuvait. – 9. Je suis resté(e) chez moi parce que je recevais mes vieux parents. – 10. Je n'ai pas pu lire parce que les enfants faisaient trop de bruit.

2 Elle a aimé cette soirée parce qu'il y avait de l'ambiance au restaurant. Elle a aimé cette soirée parce qu'il y avait beaucoup d'étrangers, en particulier les Brésiliens qui parlaient et riaient beaucoup, ils étaient amusants.
Il n'a pas aimé cette soirée parce que l'un des serveurs regardait tout le temps son amie, parce qu'il y avait trop de bruit et parce que les Brésiliens parlaient trop fort et riaient beaucoup.

3 1. Elle est allée à son cours de danse. – 2. Elle était très fatiguée. – 3. Elle est allée en Italie. Elle a passé trois jours à Florence. – 4. Elle a rencontré deux garçons : un Italien et un Américain. – 5. Oui, elle reverra Marco, l'Italien.

4 Chaque élève répond en fonction de ses goûts.

1. C'est le tennis qui me passionne le plus. – 2. C'est la boxe qui me plaît le moins. – 3. Je fais du ski, du tennis, de la natation. Je m'intéresse au foot et au basket. – 4. Je préfère jouer au tennis mais ça m'amuse de regarder le tournoi de Roland Garros à la télévision. – 5. Non, ça m'ennuie. – 6. Oui, ça m'intéresse. – 7. Non, je ne sais pas, le cyclisme ne m'intéresse pas. – 8. Oui, ça me passionne. Je trouve cette course splendide !

UNITÉ 11

1
1. Dites-moi ce que vous voulez. – 2. Dis-moi ce qu'il y a. – 3. Dis-moi ce qui s'est passé hier. – 4. Dites-moi ce que vous voulez prendre. – 5. Dis-moi ce qui est arrivé à ton père. – 6. Dites-moi ce qui vous a plu dans ce film. – 7. Dis-moi ce que tu lui as dit. – 8. Dites-moi ce que vous avez fait ce week-end. – 9. Dis-moi ce qu'il a acheté comme voiture. – 10. Dis-moi ce que tes enfants ont fait pendant les vacances.

2
1. qui/qui/qui – 2. que/qui – 3. qui/où – 4. où/qu'/qui – 5. qui – 6. que/où.

3
1. J'éprouve de la joie/Je suis heureux(se). – 2. J'éprouve de l'inquiétude/Je suis inquiet(ète). – 3. J'éprouve de la surprise/Je suis surpris(e). – 4. J'éprouve de l'ennui/Je m'ennuie. – 5. J'éprouve de la joie/Je suis joyeux(se). – 6. J'éprouve de l'amusement/Je suis amusé(e). – 7. J'éprouve de la gêne/Je suis gêné(e). – 8. J'éprouve de l'étonnement/Je suis étonné(e). – 9. J'éprouve du plaisir/Je suis heureux(se). – 10. J'éprouve du bien-être/Je suis bien dans ma peau. – 11. J'éprouve du plaisir/Je suis bien. – 12. J'éprouve de la déception/Je suis déçu(e). – 13. J'éprouve du plaisir/Je suis bien. – 14. Je pense à autre chose/Je suis distrait(e). – 15. J'éprouve de l'impatience/Je suis impatient(e). – 16. J'éprouve de la joie/Je suis joyeux(se). – 17. Je compte les moutons/Je suis mal à l'aise.

4
1. Oui, elle y va. – Non, elle n'en mange pas. – Non, elle n'en pratique pas – Oui, elle en fait.

2. Non, il n'en fait pas. – Non, il n'en suit pas. – Il ne pratique aucun sport : il fait de la marche à pied, pendant les vacances. – Oui, il l'aime beaucoup : il mange tout ce qu'il aime.

3. Non, tous n'en font pas ; ils n'en font pas tous. Tous les Français n'en font pas : 60 % n'en font pas.

L'ordinateur à l'école ? Une plaisanterie, texte du P. Weizenbaum.

1.– L'auteur pense qu'on peut très bien vivre sans utiliser l'ordinateur ?
Oui, si on n'est pas spécialiste.

– À quoi est comparé la mode de l'ordinateur ?
À la vogue des encyclopédies.

– Est-ce que la télévision est un instrument éducatif ?
Non, il emploie éducatif entre guillemets.

– Quel est le principal inconvénient du jeu vidéo ?
Il ne développe pas la créativité et fait vivre l'enfant dans un monde abstrait.

– Est-ce qu'il apprend à mieux résoudre les problèmes ?
Non.

– Est-ce que l'ordinateur augmente la créativité des enfants ?
Non, il la réduit.

– Quel exemple donne l'auteur ?
Un test de géométrie demandant de construire un angle droit avec un compas.

– D'après lui, pourquoi les enfants riches réussissent-ils mieux que les autres ?
Grâce à l'argent qui leur donne tous les avantages.

– Est-ce qu'on utilisera les ordinateurs à l'avenir ?
Oui, mais on n'a pas besoin de savoir comment ça marche.

– Comment ?
En appuyant sur un bouton.

– Quelle est la solution aux problèmes d'inégalité ?
Donner des bourses aux enfants pauvres.

3. le futur :   l'avenir
la mode :   la vogue
les enfants :   les gamins
trouver la solution d'un problème :   résoudre un problème
la capacité (à faire quelque chose) : l'aptitude
la conséquence :   l'effet
à cause de :   grâce à
se tromper :   faire une erreur
un moyen d'éduquer :   un instrument éducatif
la possibilité d'inventer :   la créativité
plus (de moyens) :   davantage de moyens
sans cesse :   tout le temps
marcher (un instrument)   fonctionner

UNITÉ 12

1
1. Mais non, je ne les ai pas vues, non plus. – 2. Mais je ne l'ai pas prise. – 3. Non, je ne les ai pas entendus. – 4. Oui, je vais lui téléphoner pour lui dire qu'elle les a oubliées. – 5. Oui, je leur ai écrit hier. – 6. Non, nous n'en avons bu que trois ! – 7. Non, je ne les ai pas invités parce qu'ils ne nous ont pas invités pour l'anniversaire de leur fils.

2
1. J'étudie le français depuis six mois/un an.../il y a six mois que j'étudie le français/ça fait six mois que j'étudie le français. – 2. Je suis en France depuis un an/trois mois... – 3. Je suis à la retraite depuis l'année dernière. – 4. Ça fait trois mois que je fais du ski/je fais du ski depuis trois mois. – 5. Nous nous connaissons depuis un an et demi. – 6. Ça fait une demi-heure que je t'attends ! – 7. Je n'ai pas de nouvelles de mes parents depuis trois mois/ça fait trois mois que je n'ai pas de nouvelles/il y a trois mois que je n'ai pas de nouvelles. – 8. J'étudie la médecine depuis un an/ça fait un an que je l'étudie.

3
1. Je ne savais pas que c'était si tard ! – 2. Je ne savais pas qu'il avait cet âge ! – 3. Je ne savais pas que vous étiez vous aussi médecin ! – 4. Je ne savais pas que tu avais passé ton enfance dans la même ville que moi ! – 5. Je ne savais pas que tu allais en vacances dans la même région que moi ! – 6. Je ne savais pas que tu allais te marier ! – 7. Je ne savais pas que ta sœur jouait dans un film à la télévision !

4
1. Étienne m'a dit qu'il était enchanté de ce voyage. – 2. Paul nous a dit qu'Henri était très fatigué. – 3. Philippe a fait remarquer que c'étaient toujours les mêmes qui jouaient. – 4. Rémi lui a dit qu'il était jaloux. – 5. Ils m'ont tous dit qu'ils pensaient à moi.

Publicité Canon

1. Il s'agit d'un télécopieur.
2. Comme j'ai été très efficace, mon président m'a remarqué et j'aurai sans doute une promotion.
3. « Des heures qu'il attendait et rien n'arrivait. Ou plutôt si : des télécopies aussi obscures qu'illisibles. Lui, c'était mon président, et il enrageait. Heureusement, mon nouveau fax a débloqué la situation, le Canon FAX-270. Image haute fidélité, 64 niveaux de gris Mode de Correction d'Erreurs, le FAX-270 rend une qualité parfaite, une image fidèle et précise, aussi bien en émission qu'en réception, quel que soit le télécopieur distant. 12 secondes plus tard, mon président avait la télécopie entre ses mains. Enfin tout était clair. Résultat, je suis sorti de l'ombre. FAX-270, sa clarté, c'est ma force, ma Business Force. »

Exemple de récit :
« Des mois qu'elle attendait et rien n'arrivait. Ou plutôt si, des paquets contenant des objets aussi prosaïques qu'utiles. Elle, c'était ma femme et elle s'assombrissait. Heureusement un nouveau paquet est arrivé. Son contenu a débloqué la situation. Il est d'une limpidité parfaite, il a un éclat éblouissant aussi bien dans la pénombre qu'en pleine lumière. C'est le « diamant éternel » 12 carats de LUMINEX. Cinq minutes plus tard, ma femme l'avait au doigt, enfin elle rayonnait. Résultat, elle m'a vu en pleine lumière. »

LES GRAMMAIRES
DE FRANÇAIS

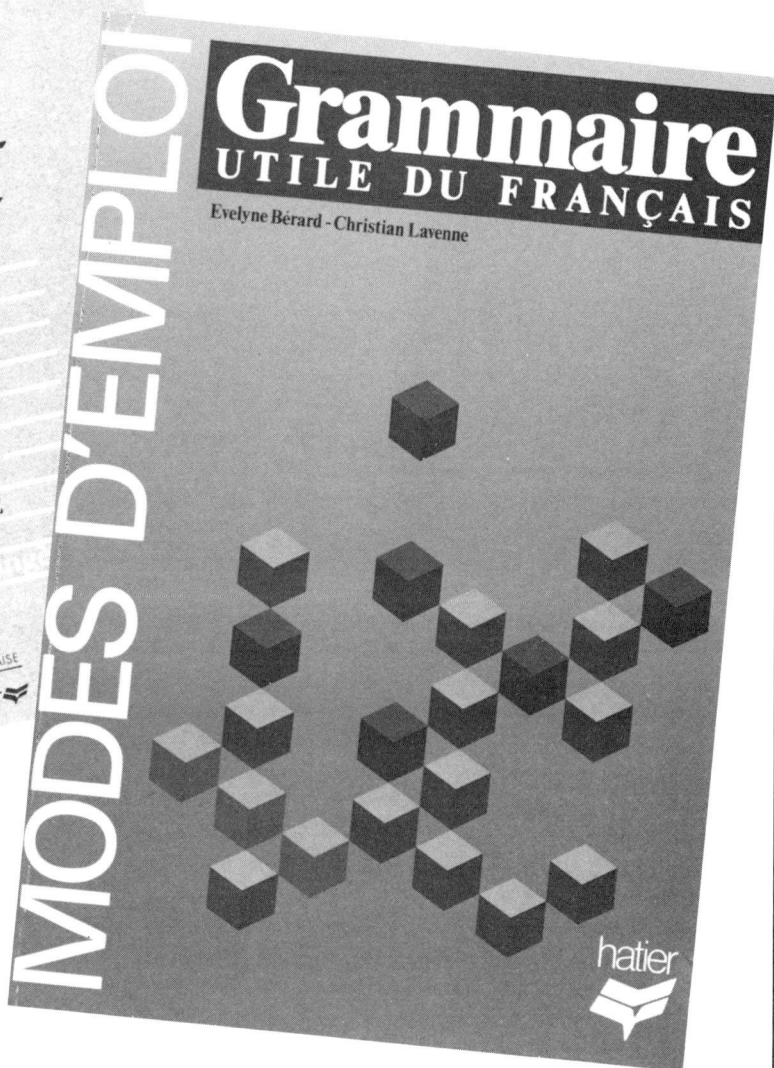

Le français *au présent*

grammaire

ANNIE MONNERIE

ALLIANCE **AF** FRANÇAISE

Didier / Hatier

MODES D'EMPLOI

Grammaire
UTILE DU FRANÇAIS

Evelyne Bérard - Christian Lavenne

hatier

Imprimerie Hérissey - Évreux - N° 76837
Dépôt légal : mai 1997
Imprimé en France